Cristine Prado

APRENDA A TOCAR

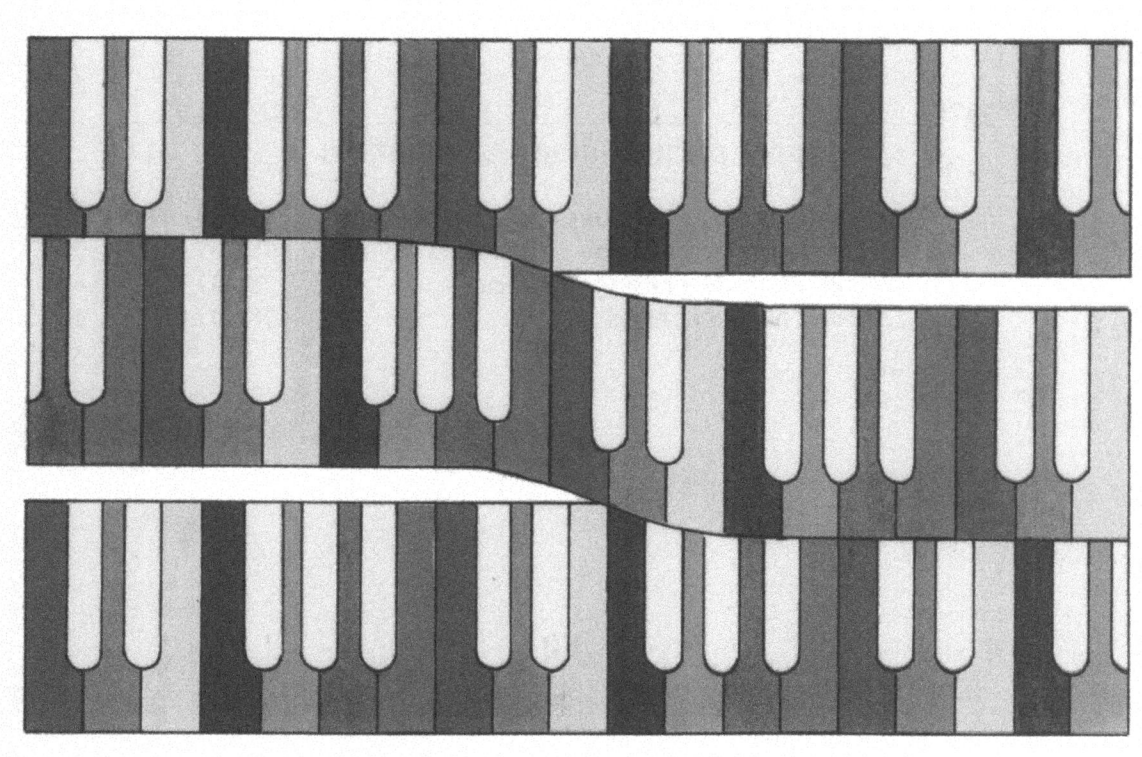

ORGÃO E TECLADO

Nº Cat.: 330-M

Irmãos Vitale Editores Ltda.
vitale.com.br
Rua Raposo Tavares, 85 São Paulo SP
CEP: 04704-110 editora@vitale.com.br Tel.: 11 5081-9499

© Copyright 1990 by Irmãos Vitale Editores Ltda. - São Paulo - Rio de Janeiro - Brasil.
Todos os direitos autorais reservados para todos os países. *All rights reserved.*

Dados Internacionais de Catalogação na Publicação (CIP)
(Câmara Brasileira do Livro, SP, Brasil)

Prado, Cristine
   Aprenda a tocar órgão eletrônico e teclado : curso básico / Cristine Prado. -- São Paulo : Irmãos Vitale.

1. Música - Estudo e ensino 2. Órgão - Estudo e ensino 3. Teclado - Música   I. Título.

ISBN 85-85188-48-0
ISBN 978-85-85188-48-1

97-1793   CDD- 786.07

Indices para catálogo sistemático:

1	Órgão eletrônico : Estudo e ensino : Música	786.07
2.	Órgão eletrônico : Método : Música	786.07
3.	Teclado : Estudo e ensino : Música	786.07
4.	Teclado : Método : Música	786.07

FICHA TÉCNICA
Capa: Afonso Mendonça
Ilustração: Ely Ana Manso Bastos

Curriculum Vitae

Cristine Vasconcelos Gonçalves Dias Prado é professora de piano e órgão eletrônico, tendo sido aluna de professores tais como: Antonieta Boccia, Wilson Curia, Délcia Pereira Coelho, Aída Machado, Daise A. Silva, Nilson Zago e outros.

Formou-se em piano pelo Conservatório Musical Ibirapuera, sob a direção do maestro Spartaco Rossi, continuando seus estudos no Conservatório Musical do Brooklin Paulista, sob a direção de Sígrido Leventhal.

Formada pela Escola de Comunicações e Artes da Universidade de São Paulo, possui larga experiência didática.

Foi professora das escolas para órgão eletrônico Yamaha no Brasil e nos Estados Unidos, co-autora e arranjadora dos métodos Minami para órgão eletrônico, além de ter atuado como selecionadora e treinadora de professores para essa instituição.

Atualizou-se e especializou-se em didática musical para crianças e adolescentes nos Estados Unidos, lecionando na Hilo Yamaha School, sob a direção de J. Dover Becker.

Agradecimentos:

A meus professores, que com tanto empenho, dedicação e competência tornaram possível este trabalho.

À Casa Bevilacqua e à D. Carmem, pelo voto de confiança depositado sendo a primeira escola a utilizar o método.

Aos editores, pelo apoio, orientação e exímio trabalho.

A Ely Ana pelas impecáveis ilustrações.

Ao Afonso pela super capa.

Ao Ubirajara e à Rosangela pelo belo trabalho.

Aos meus pais que sempre incentivaram meu progresso com muito carinho e amor.

Ao meu marido, companheiro de todas as horas.

Aos amigos, pela "torcida".

A todos os meus alunos, que tanto me têm ensinado.

PREFÁCIO

Objetiva este livro fornecer a alunos, professores e interessados pelo instrumento órgão eletrônico, uma metodologia que propicie um aprendizado agradável e eficiente.

Neste volume temos três estágios que compõem o método para órgão eletrônico e teclado.

A cada lição são apresentados e desenvolvidos os elementos necessários a uma boa execução, bem como exercícios de fixação e repertório variado.

Os novos elementos vêm destacados de forma que tanto o aluno como o professor possam melhor acompanhar a didática do método, dando ênfase a esses novos conhecimentos.

A didática é a mesma tanto para teclados portáteis como para órgãos com pedaleira, basta, no caso dos portáteis, seguir apenas as cifras, sem se utilizar da pedaleira, pois o baixo soará automaticamente.

O material utilizado foi amplamente testado, e sua seqüência cuidadosamente planejada para propiciar um bom desenvolvimento da musicalidade, habilidade de leitura rítmica e melódica, coordenação motora, desenvoltura e interpretação.

Em cada lição há um espaço em branco reservado para o aluno anotar a registração por ele escolhida, com orientação do professor.

Algumas fórmulas de compasso foram propositadamente facilitadas, de modo a promover uma leitura musical mais acessível ao grau de conhecimento do aluno.

O repertório existente no final do livro consiste em uma série de músicas que podem ser executadas com o conhecimento adquirido através das lições anteriores.

As lições são, portanto, as ferramentas necessárias para dar forma e expressão ao mundo musical interior de cada um.

Saudações musicais

ÍNDICE

Estágio I   **Página**

O Órgão Eletrônico 9
Registração 10
Postura Correta 11
Identificação das Notas Musicais 12
Suplemento de Teoria Musical 13
Lição 1: Estrela do Entardecer 16
Lição 2: Dança Alegre 19
Lição 3: Camptown Races 22
Lição 4: O Bife 25
Lição 5: Valsinha 27
Lição 6: When The Saints Go Marching In 30
Lição 7: Oh! Susanna 33
Lição 8: Can-Can 36
Lição 9: Five Hundred Miles 39
Lição 10: This Is My Song 42
Lição 11: Aura Lee 45
Lição 12: Banho de Lua 48

Estágio II   **Página**

Suplemento de Teoria Musical 55
Lição 1: Yes Sir, That's My Baby 60
Lição 2: Beer Barril Polka 64
Lição 3: Dó-Ré-Mi 68
Lição 4: Colonel Bogey 72
Lição 5: Edelweiss 76
Lição 6: Cidade Maravilhosa 79
Lição 7: Aquarela Brasileira 83
Lição 8: Fascinação 86
Lição 9: Over The Rainbow 90
Lição 10: Love Story 94
Lição 11: Ritmo da Chuva 98
Lição 12: Blue Moon 100

Estágio III   **Página**

Suplemento de Teoria Musical 108
Lição 1: Maria, Maria 112
Lição 2: Êxodus 116
Lição 3: Yesterday 119
Lição 4: Carruagens de Fogo 122
Lição 5: Valsa de uma Cidade 126
Lição 6: Diana 132
Lição 7: I Just Called to Say I Love You 136
Lição 8: Jesus, Alegria dos Homens 140
Lição 9: Somewhere In Time 143
Lição 10: Fourth Rendez-Vous 146
Lição 11: Memory 149
Lição 12: La Bamba 154
Repertório 159
Quadro de Acordes 184/185

ÍNDICE GERAL DAS MÚSICAS

Música	Página
Aloha Oe - (Adeus para Você)	163
Aura Lee	45
Aquarela Brasileira	83
As Pastorinhas	174
Asa Branca	164
Autumn Leaves	171
Banho de Lua	48
Beer Barril Polka (Barril de Chopp)	64
Bife (O)	25
Blue Moon	100
Camptown Races	22
Can-Can	36
Carnaval de Veneza	161
Carruagens de Fogo	122
Chuva de Prata	182
Cidade Maravilhosa	79
Colonel Bogey	72
Dança Alegre	19
Diana	132
Dó-Ré-Mi	68
Edelweiss	76
Estrela do Entardecer	16
Eu e a Brisa	179
Exodus	116
Fascinação	86
Five Hundred Miles	39
Fourth Rendez-Vous	146
Frenesi	175
Golpe de Mestre	180
Guerra nas Estrelas	177
Here, There And Everywhere	181
I Just Called To Say I Love You	136
Jesus, Alegria dos Homens	140
Jingle Bells	165
La Bamba	154
La Cumparsita	165
Love Is A Many Splendored Thing	176
Love Story	94
Marcha Soldado	162
Maria, Maria	112
Memory	149
Michael Row The Boat Ashore	167
Moon River	172
Noite Feliz	164
Oh! Susanna	33
Over The Rainbow	90
Peixe Vivo	162
Perfídia	178
Ritmo da Chuva	98
Singing In The Rain	168
Solamente una Vez	169
Somewhere In Time (Em algum lugar do passado)	143
Tema de Lara	173
This Is My Song	42
Tristesse	170
Valsa de uma Cidade	126
Valsinha	27
Vassourinha	167
When The Saints Go Marching In	30
White Christmas	166
Yes Sir That's My Baby	60
Yesterday	119
You Needed Me	183

ESTÁGIO I

O ÓRGÃO ELETRÔNICO

O atual órgão eletrônico é originário do tradicional órgão de tubos, por onde passava o ar fazendo soar as notas.

O órgão eletrônico é composto por:
- geralmente dois teclados (podendo em alguns modelos haver um terceiro);
- pedaleira de uma ou duas oitavas;
- pedal de expressão;
- painel de registração;
- caixa acústica.

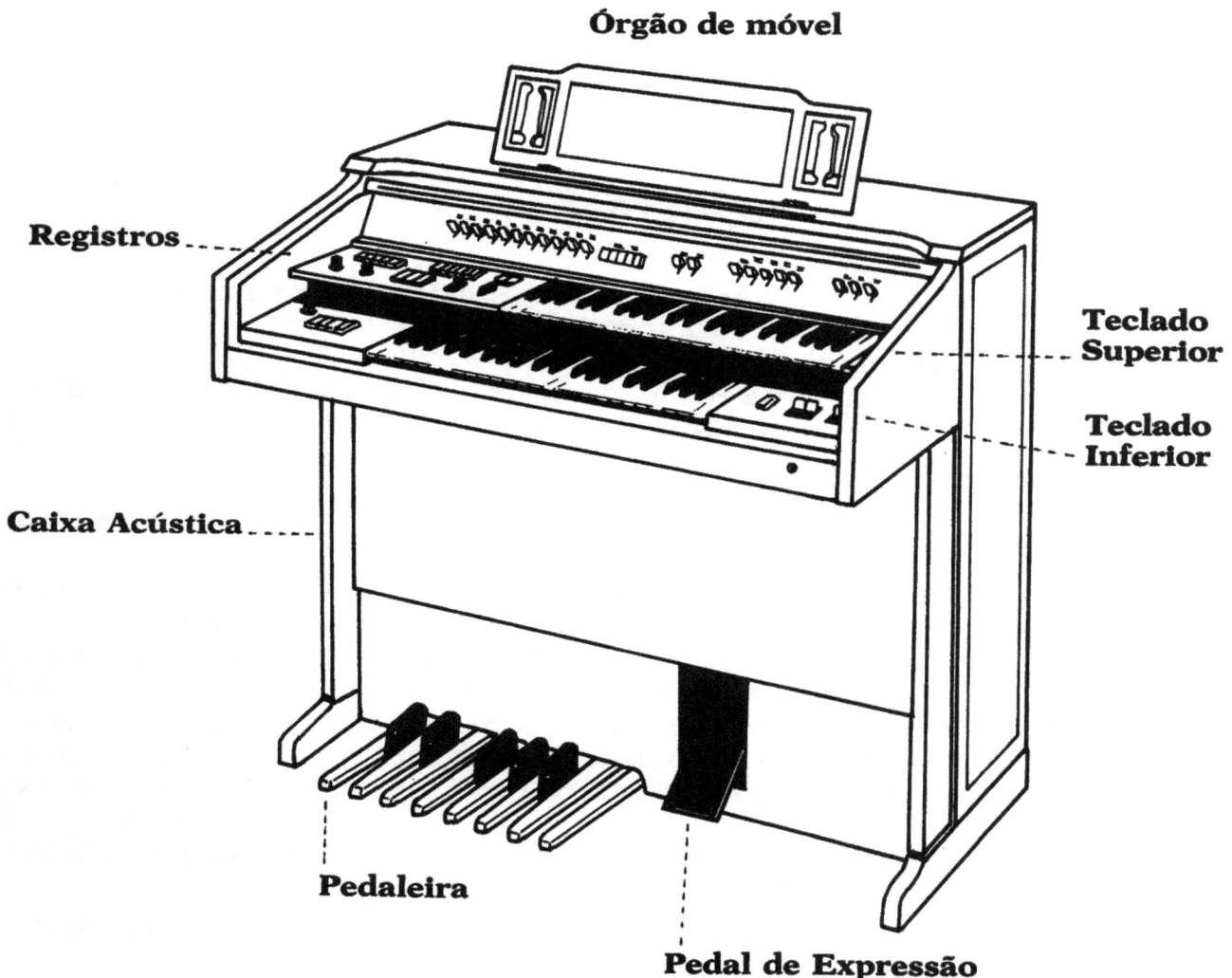

Órgão de móvel

O teclado superior (upper manual) é utilizado para a execução da melodia com a mão direita.

O teclado inferior (lower manual) é utilizado para a execução dos acordes (mão esquerda).

Os pedais nos dão as notas mais graves, os baixos, sendo tocados com os pés.

O pedal de expressão, como o próprio nome já diz, nos dá a possibilidade de regularmos o volume de acordo com a interpretação desejada. Para movimentarmos o pedal de expressão, utilizamos o pé direito.

O órgão eletrônico pode também ser portátil. Neste caso, possui apenas um teclado, não possuindo pedaleira.

As duas mãos tocam, portanto, nesse único teclado, sendo que a mão direita faz a melodia, enquanto que a esquerda faz os acordes, assim como no órgão de móvel. Como não há pedaleira, os baixos são produzidos automaticamente, juntamente com os acordes.

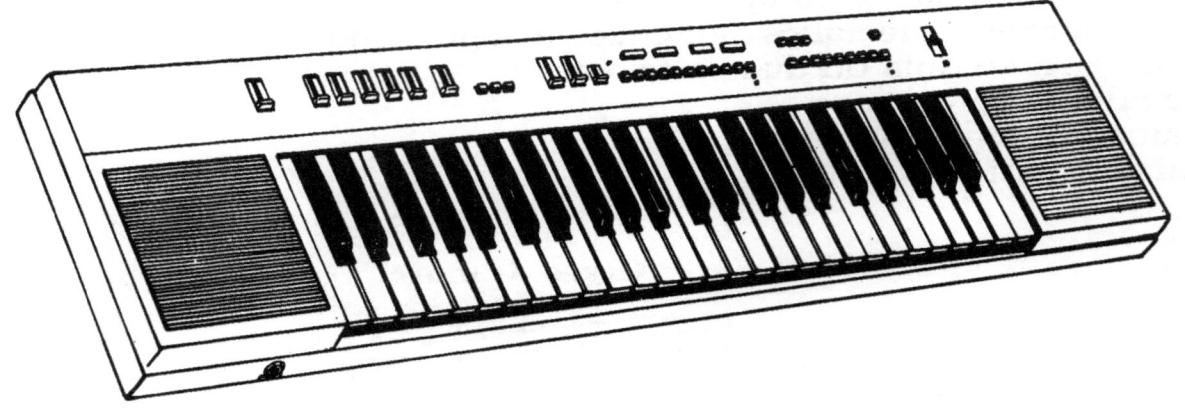

REGISTRAÇÃO

Registrar é a arte de combinar os diversos sons que o instrumento oferece.
Registros são recursos que dão som ao órgão.
Há vários tipos de registros:
- **"drawbars"**, que são uma série de harmônicos diferentes, graduados em intensidade de zero a oito, que combinados entre si, produzem sons variados;
- **plaquetas, tabletes** ou **chaves,** que são divididos em três "famílias" de instrumentos: flautas ou harmônios, cordas e metais e afins;
- **digitais** ou **"presets"**, que oferecem sons já programados, que imitam um determinado instrumento solo ou conjunto de instrumentos;
- **mecânicos** ou **auxiliares,** que não possuem som próprio, mas sim, modificam os demais registros. Exemplo: tremolo, vibrato, sustain, etc.

Nos registros do tipo "drawbar" e também do tipo "tablet", há uma variação de altura, indicada por números. Assim temos: flute 16', flute 4', string 8', por exemplo. Esses números correspondem à medida dos tubos em órgãos tubulares. Quanto maior o tubo, mais grave será o som. No caso dos órgãos eletrônicos, por tradição, quanto maior o número mais grave será o som do registro escolhido. Exemplificando: flute 16' tem som mais grave que flute 8', que por sua vez tem som mais grave que flute 4', e assim por diante.

Observação: a diferença de altura entre os sons, com exceção dos números fracionados, é de uma oitava.

Registros do tipo "tablets"

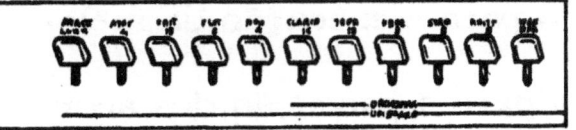

Registros do tipo "presets"

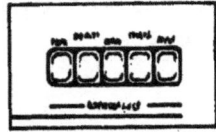

Registros do tipo "drawbars"

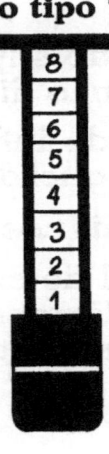

Postura Correta

1) Posicione o banquinho no centro do instrumento e sente-se da metade para frente, de forma que você tenha liberdade para movimentar os pés;
2) aperte os pedais somente com a ponta dos pés;
3) deixe o pé direito acomodado no pedal de expressão, e não no chão;
4) certifique-se de que seus dedos estejam "arredondados", e não estirados;
5) não deixe o pulso "caído";
6) lembre-se: mão direita no teclado superior e mão esquerda no teclado inferior.

IDENTIFICAÇÃO DAS NOTAS MUSICAIS

Relação entre notas, cifras, teclados, claves e pedais

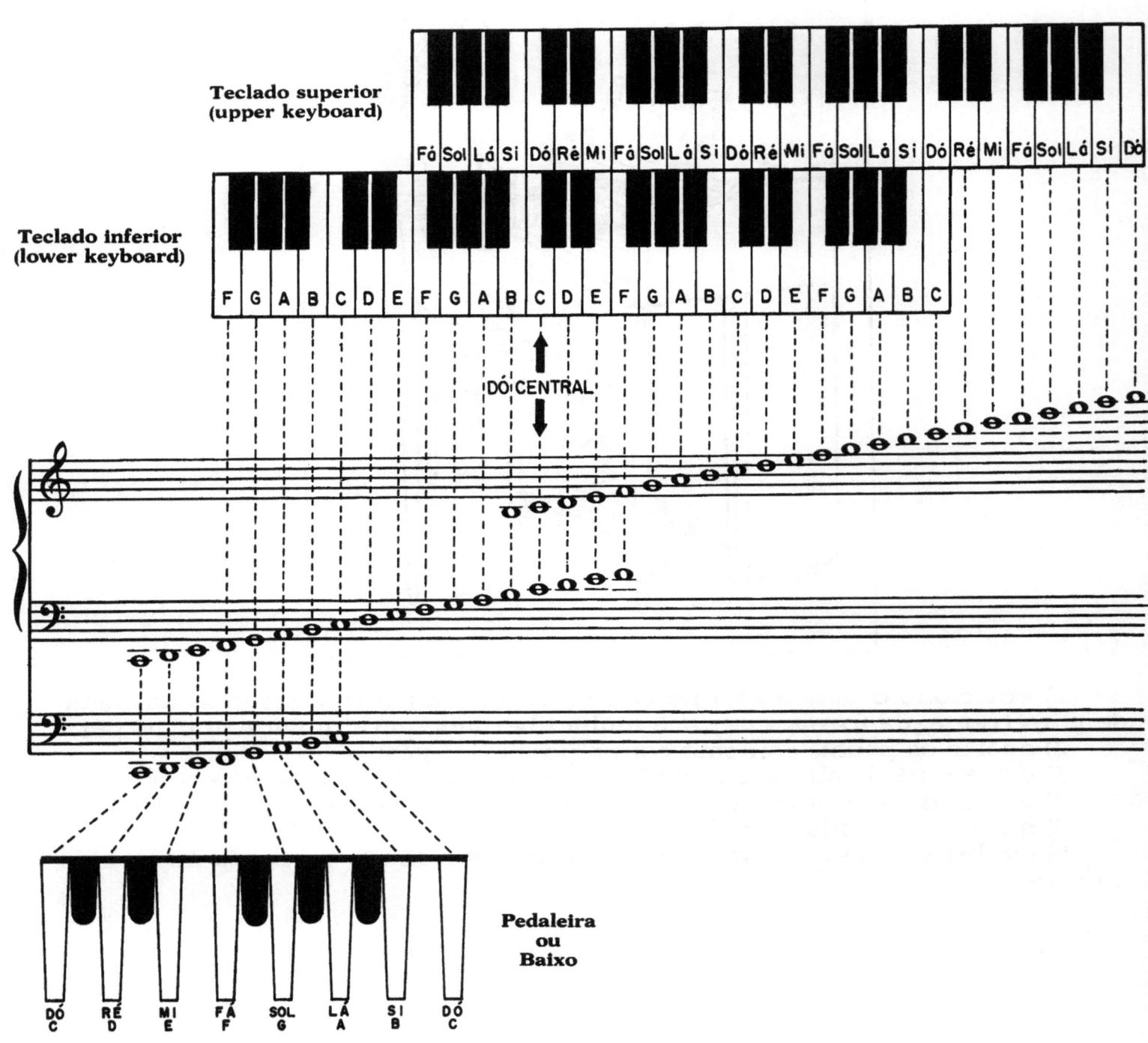

Estágio I
SUPLEMENTO DE TEORIA MUSICAL

Música é a arte de combinar os sons.
Som é tudo o que impressiona o nosso aparelho auditivo.

Propriedades do som:
a) **altura:** diferente entoação das notas;
b) **duração:** espaço de tempo em que soa o som;
c) **intensidade:** maior ou menor volume do som;
d) **timbre:** característica de cada som, que o difere dos demais.

Elementos fundamentais que compõem a música:
a) **melodia:** sucessão de sons que formam uma linha musical;
b) **harmonia:** seqüência de sons simultâneos;
c) **ritmo:** movimento dos sons de acordo com sua duração.

Os sons são representados por sinais chamados **notas musicais**, que são sete: DÓ, RÉ, MI, FÁ, SOL, LÁ e SI.

Pauta ou **pentagrama** é o conjunto de cinco linhas e quatro espaços, onde são colocadas as notas musicais.
As linhas e os espaços são contados de baixo para cima.

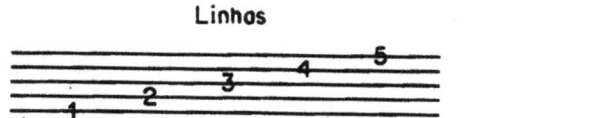
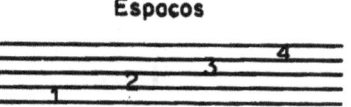

Claves são sinais colocados no início da pauta musical que servem para dar nome às notas.

Existem três tipos de claves: a **clave de sol**, usada para sons médios; a **clave de fá**, para sons graves e a **clave de dó**, para sons agudos.

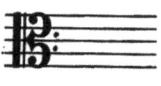

Clave de Sol   Clave de Fá   Clave de Dó

Valores ou **figuras musicais** são símbolos que servem para indicar o tempo de duração dos sons.

Esses valores variam, como veremos mais tarde, de acordo com a **fórmula de compasso**. Assim temos:

Fig.	Nome	Valor (em fórmula $\frac{x}{4}$)
o	semibreve	4 tempos
♩	mínima	2 tempos
♩	semínima	1 tempo
♪	colcheia	1/2 tempo
♪	semicolcheia	1/4 de tempo
♪	fusa	1/8 de tempo
♪	semifusa	1/16 avos de tempo

Partes de uma figura musical:

Pausas são sinais que indicam silêncio.
Cada figura musical possui uma pausa correspondente.
As pausas são também chamadas de **valores** ou **figuras negativas.**

- ▬ = pausa de semibreve
- ▬ = pausa de mínima
- 𝄽 = pausa de semínima
- 𝄾 = pausa de colcheia
- 𝄿 = pausa de semicolcheia
- 𝅀 = pausa de fusa
- 𝅁 = pausa de semifusa

Compasso é um conjunto de tempos.
A divisão em compassos é feita por meio de barras.
A música é dividida em vários compassos.
Os compassos podem ser: binários (2 tempos por compasso), ternários (3 tempos por compasso), quaternários (4 tempos por compasso), etc.
Anacrusa ou **anacruse** é como chamamos o primeiro compasso de uma peça musical, quando este vem incompleto.
Dedilhado vem indicado por um número acima das notas, servindo para dar maior desenvoltura aos dedos

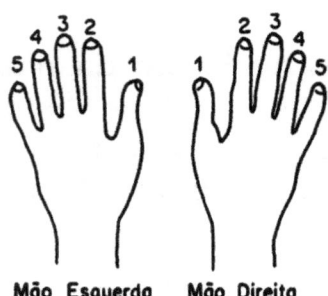

Cifrado é o método utilizado mundialmente para representar notas e acordes.

DÓ = C   RÉ = D   MI = E   FÁ = F   SOL = G   LÁ = A   SI = B

Padrão rítmico é a forma gráfica de indicarmos como tocar um ritmo. Abaixo da linha corresponde ao pedal e acima da linha à mão esquerda.

Exemplo:

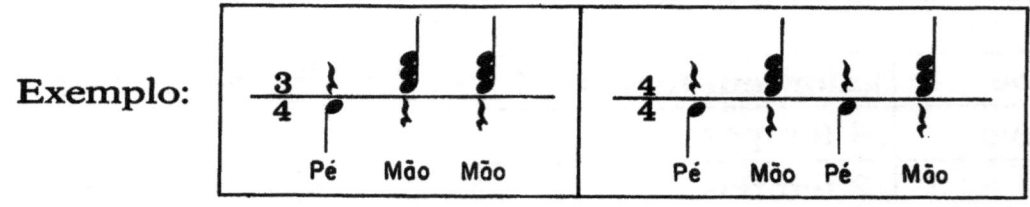

Ponto de aumento é um ponto colocado do lado direito da nota, aumentando metade do seu valor.

Exemplo: 𝅗𝅥· = 3 tempos (2+1)   ♩· = 1 1/2 tempos (1+1/2)

Destacado ou **Staccatto** é um ponto colocado acima ou abaixo da nota (♪), indicando que devemos tocá-la destacadamente.

Ligadura é uma linha curva que une duas notas. Se ambas forem iguais, não devemos repetir a segunda nota.

Exemplo: (segurar a nota por 6 tempos)

Barras de divisão são linhas verticais que atravessam a pauta, dividindo os compassos da música.

Existem quatro tipos de barras:

Barras Simples:	|	separam um compasso de outro.
Barras Duplas:	‖	indicam outro trecho musical.
Barras de repetição:	‖: :‖	indicam o trecho que deve ser repetido.
Barras Finais:	‖	indicam o final da música.

Este símbolo ⌐1⌐ :‖ ⌐2⌐ indica que devemos tocar até o final da chave 1, retornar ao início da música (ou à barra de repetição mais próxima), seguindo diretamente para a chave 2, sem repetir a chave 1.

Sinais de alteração ou acidentes são sinais que alteram o som natural das notas.

O **sustenido** (♯) indica a elevação de meio tom à nota.
O **bemol** (♭) indica o abaixamento de meio tom à nota.
O **bequadro** (♮) anula o efeito tanto do bemol quanto do sustenido.
O **dobrado sustenido** (×) indica a elevação de um tom à nota.
O **dobrado bemol** (♭♭) indica o abaixamento de um tom à nota.
A **nota natural** é a nota que não leva sinal de alteração.
A **nota alterada** é a nota que leva sinal de alteração.
Os sinais de alteração podem ser: **fixos, ocorrentes** e **de precaução**.

Os sinais **fixos** são os que fazem parte da armadura de clave, valendo seu efeito por toda a música.

Exemplo:

Os sinais **ocorrentes** são os que aparecem no decorrer da música, tendo efeito somente no compasso em que se encontrarem.

Exemplo:

Os sinais **de precaução** são os que aparecem a fim de evitar erros na leitura rápida. São usados, geralmente, entre parênteses.

Exemplo:

Lição 1

ESTRELA DO ENTARDECER

REGISTRAÇÃO
T.S.: ....
T.I.: ....
Ped.: ....
Ritmo: ....
Efeitos: ....

Folclore

PADRÃO RÍTMICO

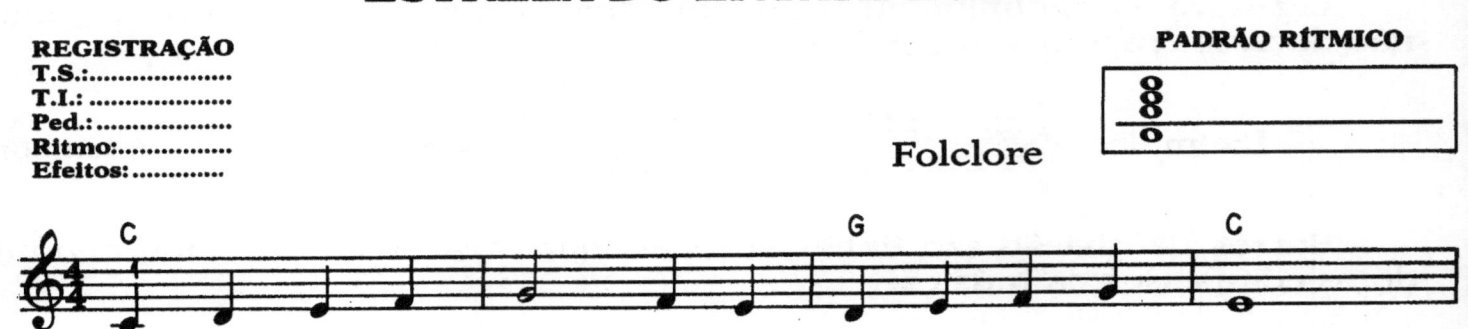

 **OBSERVAR:**

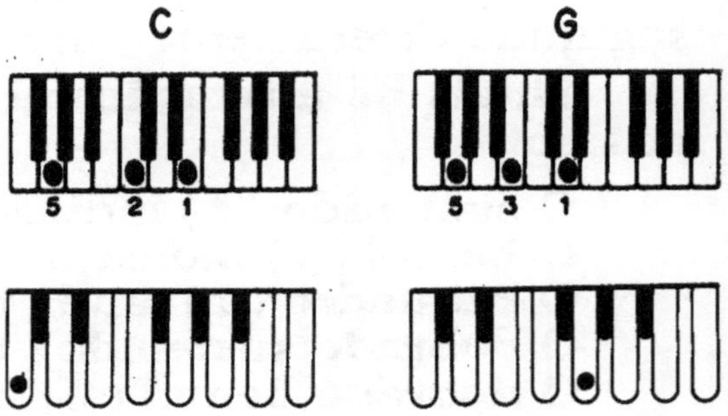

Notas Musicais

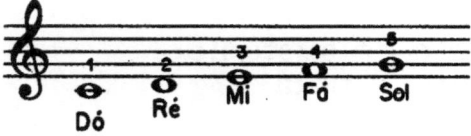

Acordes

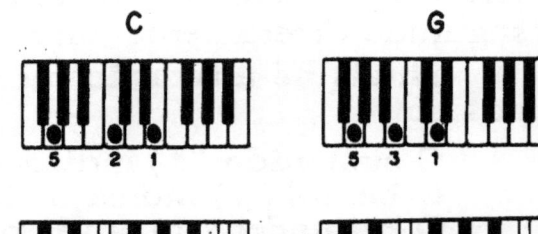

Dedilhado

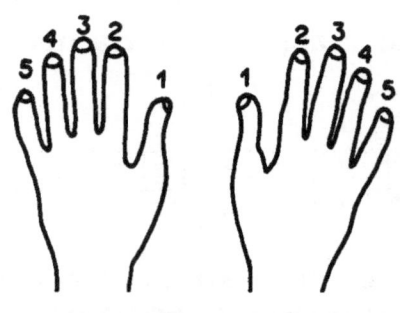

mão esquerda   mão direita

Valores ou Figuras Musicais

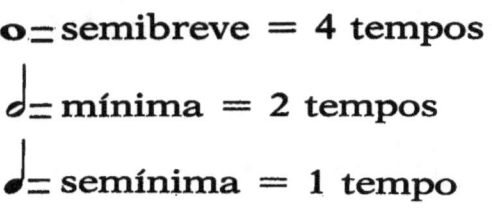

Clave de Sol

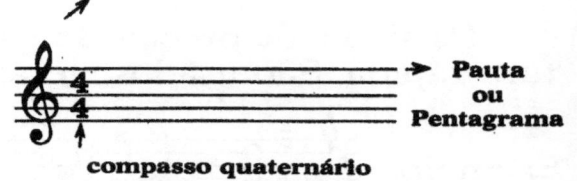

compasso quaternário

Exercícios para a mão direita

Treine as seguintes seqüências de acordes

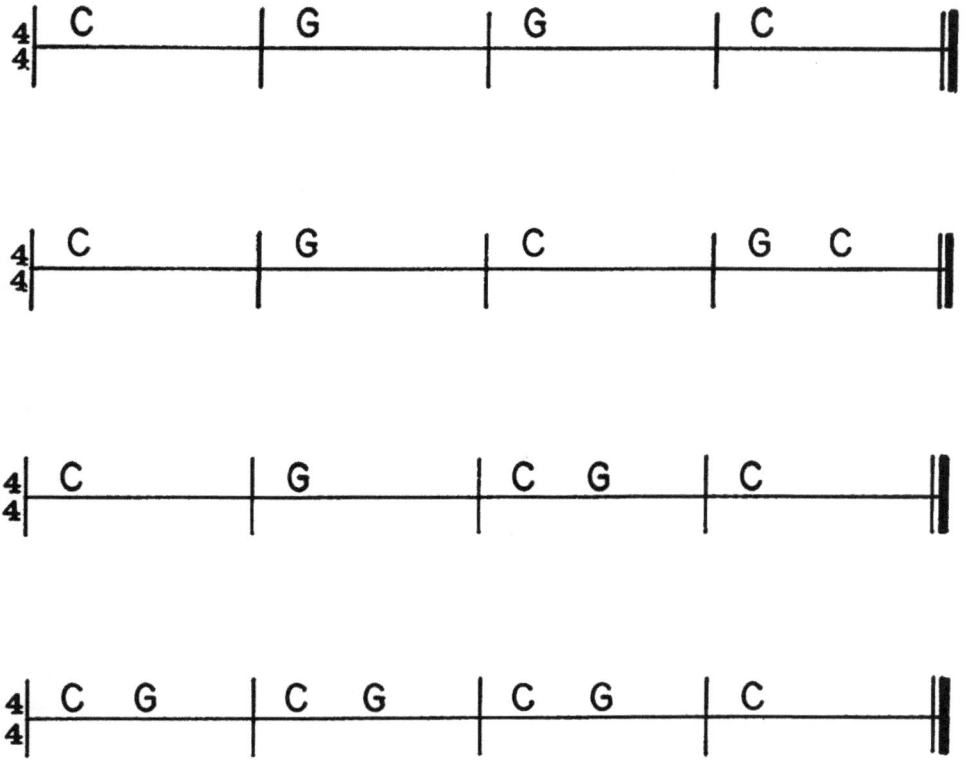

Exercícios aplicados à lição 1

1) Desenhe a clave de sol:

2) Identifique as notas musicais:

3) Escreva os valores correspondentes às seguintes figuras musicais:

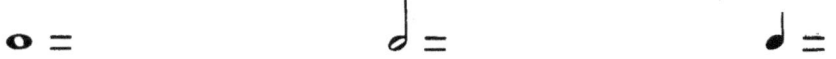

4) O que é música?

5) O que é pauta ou pentagrama?

6) O que é compasso?

7) Para que servem as claves?

8) Quantas e quais são as notas musicais?

9) Coloque na pauta os números correspondentes às linhas e aos espaços

10) Desenhe as notas musicais:

Lição 2
DANÇA ALEGRE

REGISTRAÇÃO
T.S.:....................
T.I.:....................
Ped.:....................
Ritmo:..................
Efeitos:................

Folclore

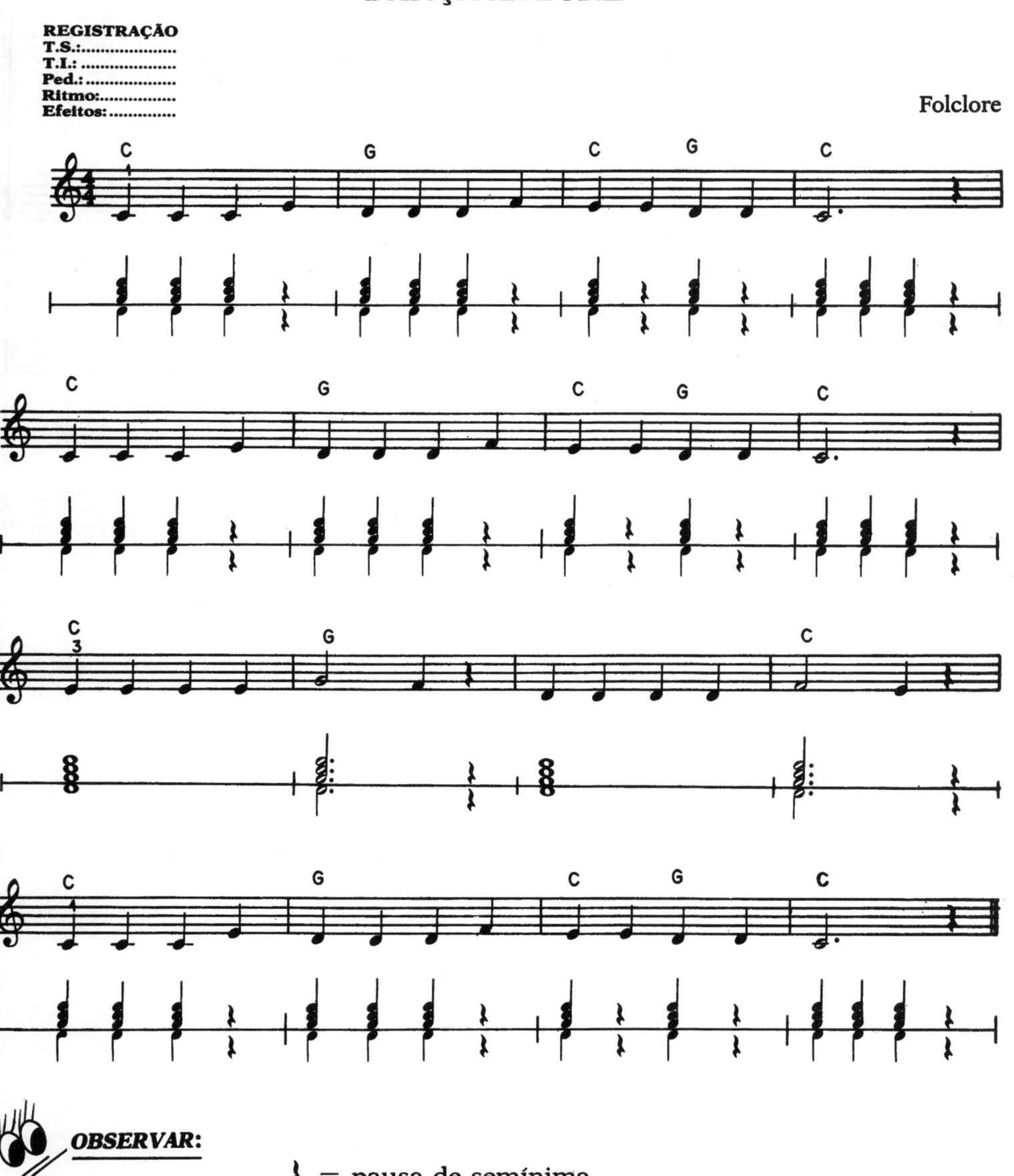

OBSERVAR:

𝄽 = pausa de semínima

| = barra de divisão de compasso

‖ = barras de final

Exercícios para a mão direita

Treine as seguintes seqüências de acordes

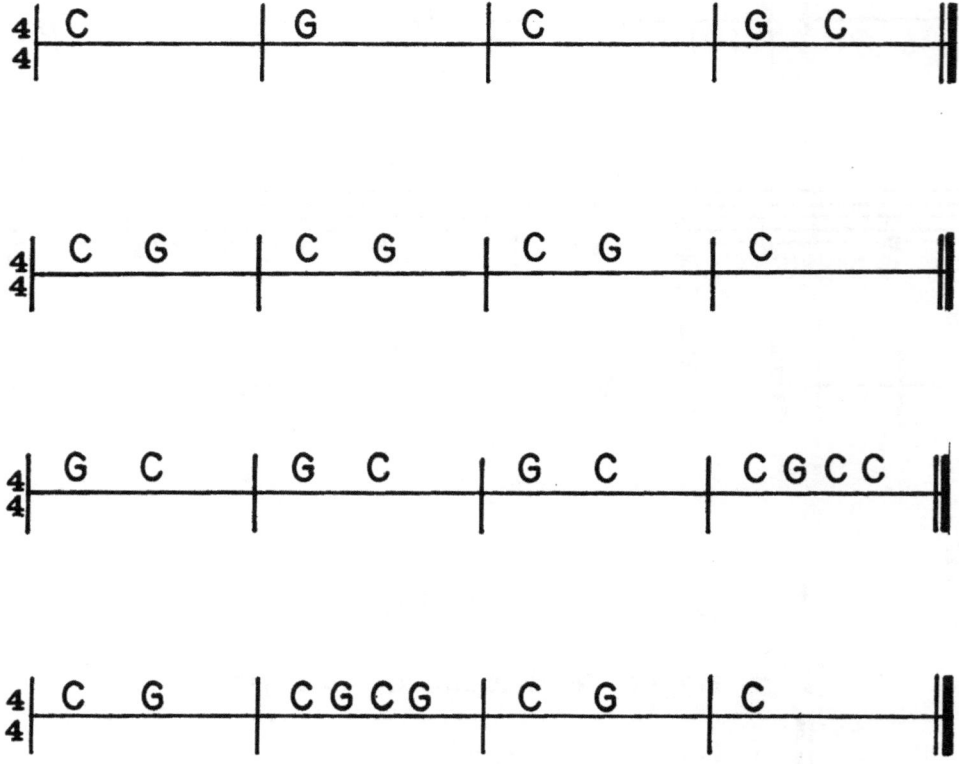

Exercícios aplicados à lição 2

1) Identifique as notas musicais:

2) Coloque as barras de divisão de compassos:

3) Coloque os números correspondentes ao dedilhado:

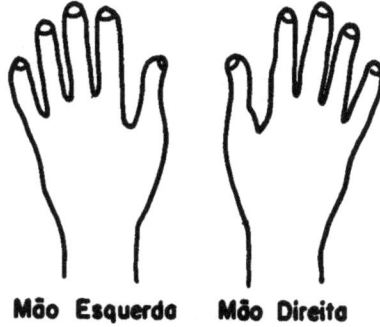

4) Qual é a diferença entre notas musicais e figuras ou valores musicais?

5) O que significa $\frac{4}{4}$?

6) O que são valores positivos e valores negativos?

7) Coloque na pauta os números correspondentes às linhas e espaços:

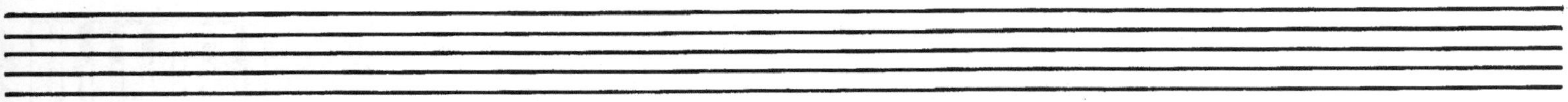

Lição 3
CAMPTOWN RACES

REGISTRAÇÃO
T.S.:......................
T.I.:......................
Ped.:......................
Ritmo:......................
Efeitos:......................

Tradicional

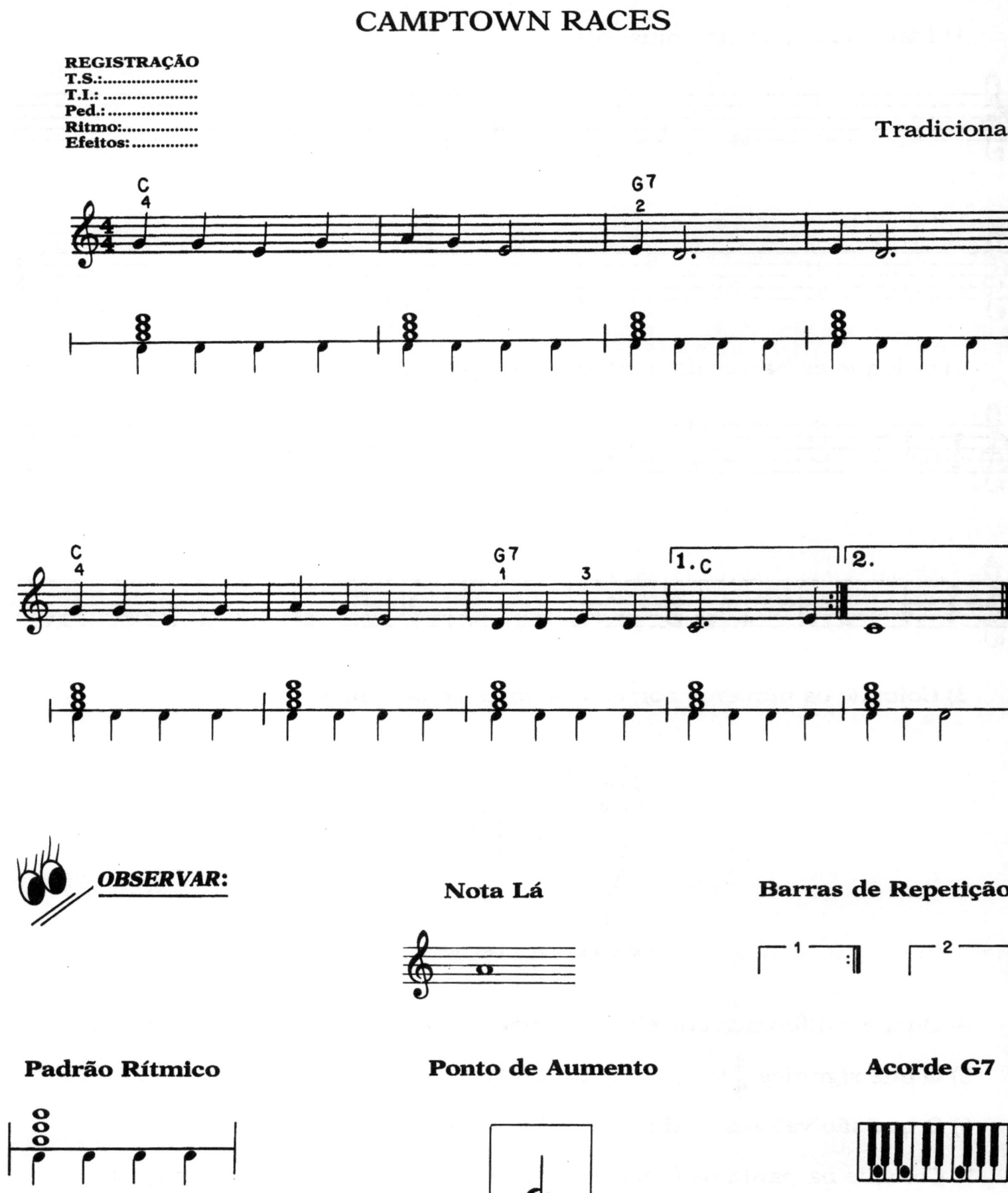

OBSERVAR:

Nota Lá

Barras de Repetição

Padrão Rítmico

Ponto de Aumento

Acorde G7

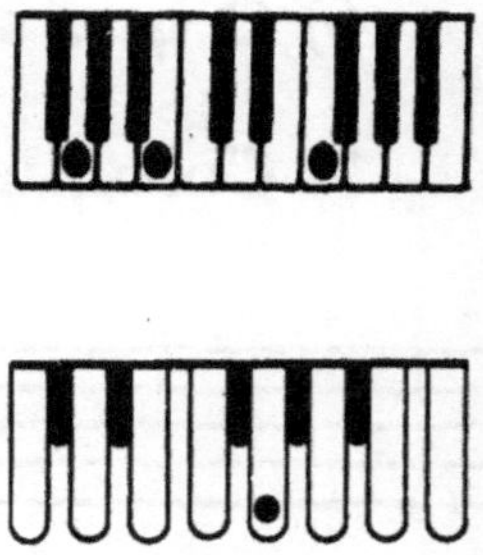

Exercícios para a mão direita

Treine as seguintes seqüências de acordes

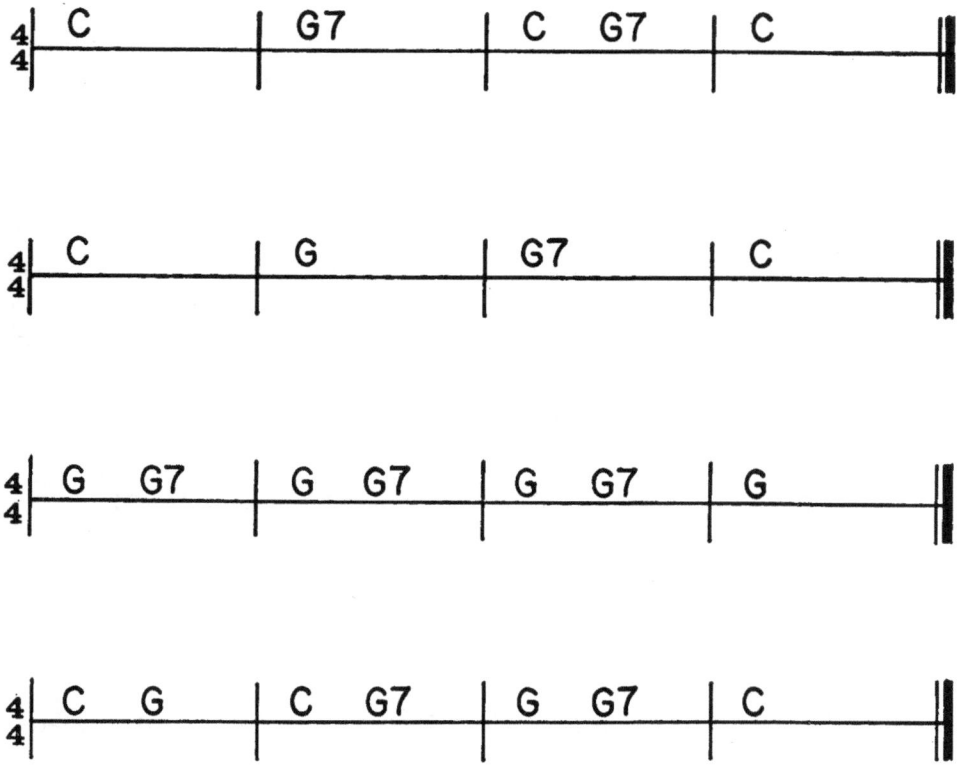

Exercícios aplicados à lição 3

1) Identifique as notas musicais:

2) Coloque as barras de divisão de compasso:

3) Quanto valem as seguintes figuras musicais?

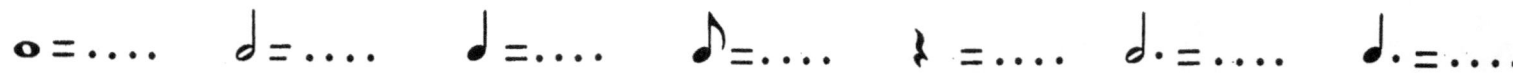

4) Para que serve o ponto de aumento?

5) O que é anacrusa ou anacruse?

6) O que significa ⌐¹⌐ :‖   ⌐²⌐

7) O que devemos fazer ao encontrarmos o símbolo :‖ ?

8) Complete:

o = ... x 𝅘𝅥   𝅗𝅥 = ... x 𝅘𝅥   𝅗𝅥. = ... x 𝅘𝅥𝅮   𝅘𝅥 = ... x 𝅘𝅥𝅮
𝅗𝅥. = ... x 𝅘𝅥   o = ... x 𝅘𝅥𝅮   𝅗𝅥 = ... x 𝅘𝅥𝅮   𝅗𝅥. = ... x 𝅘𝅥𝅮

9) Descreva as quatro propriedades do som

      a) altura: c) intensidade:

      b) duração: d) timbre:

10) Defina:

      a) melodia: b) harmonia: c) ritmo:

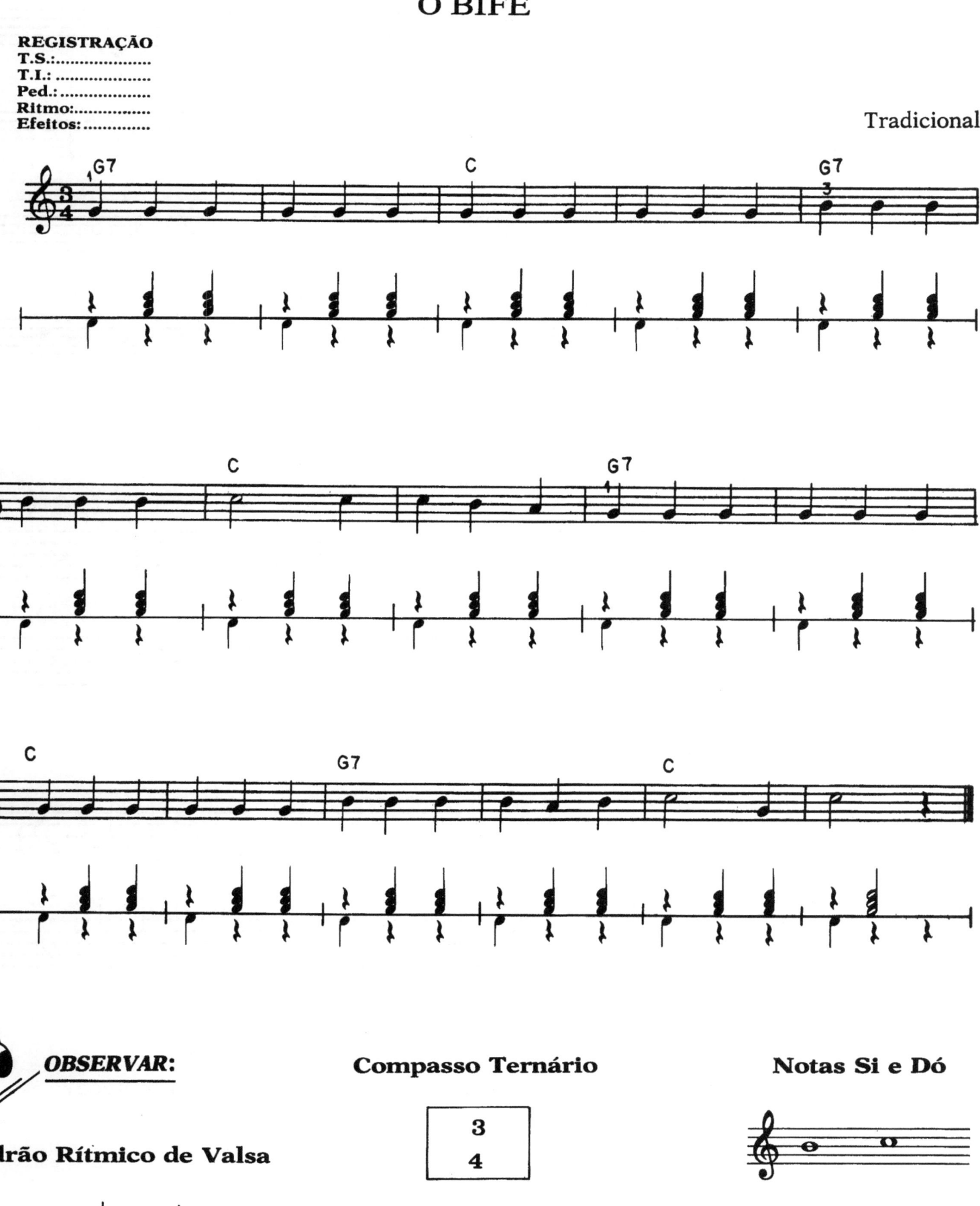

Exercícios para a mão direita

Exercícios aplicados à lição 4

1) Identifique as notas musicais:

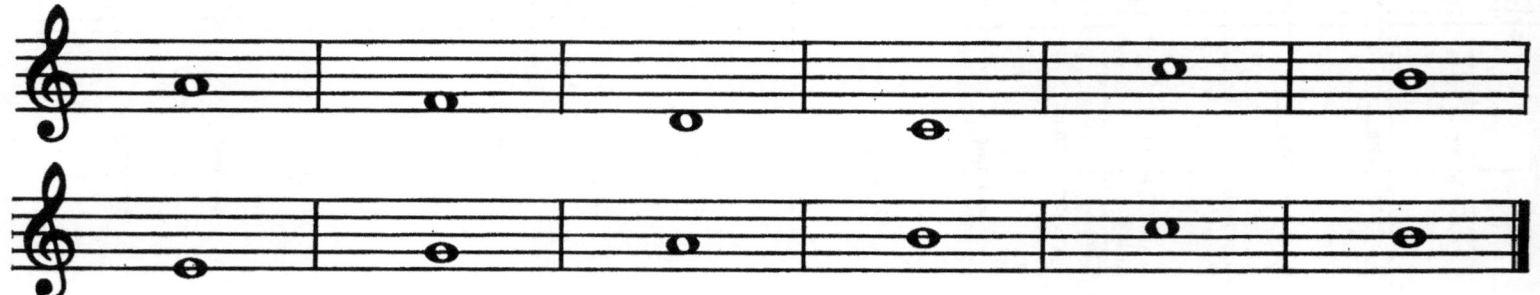

2) Coloque as barras de divisão:

3) Qual é a diferença entre $\frac{3}{4}$ e $\frac{4}{4}$?

4) Como se chamam os valores ou figuras musicais que você conhece?

5) Desenhe o padrão rítmico de valsa:

6) Complete:

𝅝 = ...   ♩ = ...   ♩. = ...

𝅗𝅥 = ...   ♪ = ...   𝅗𝅥. = ...

Lição 5
VALSINHA

Cristine Prado

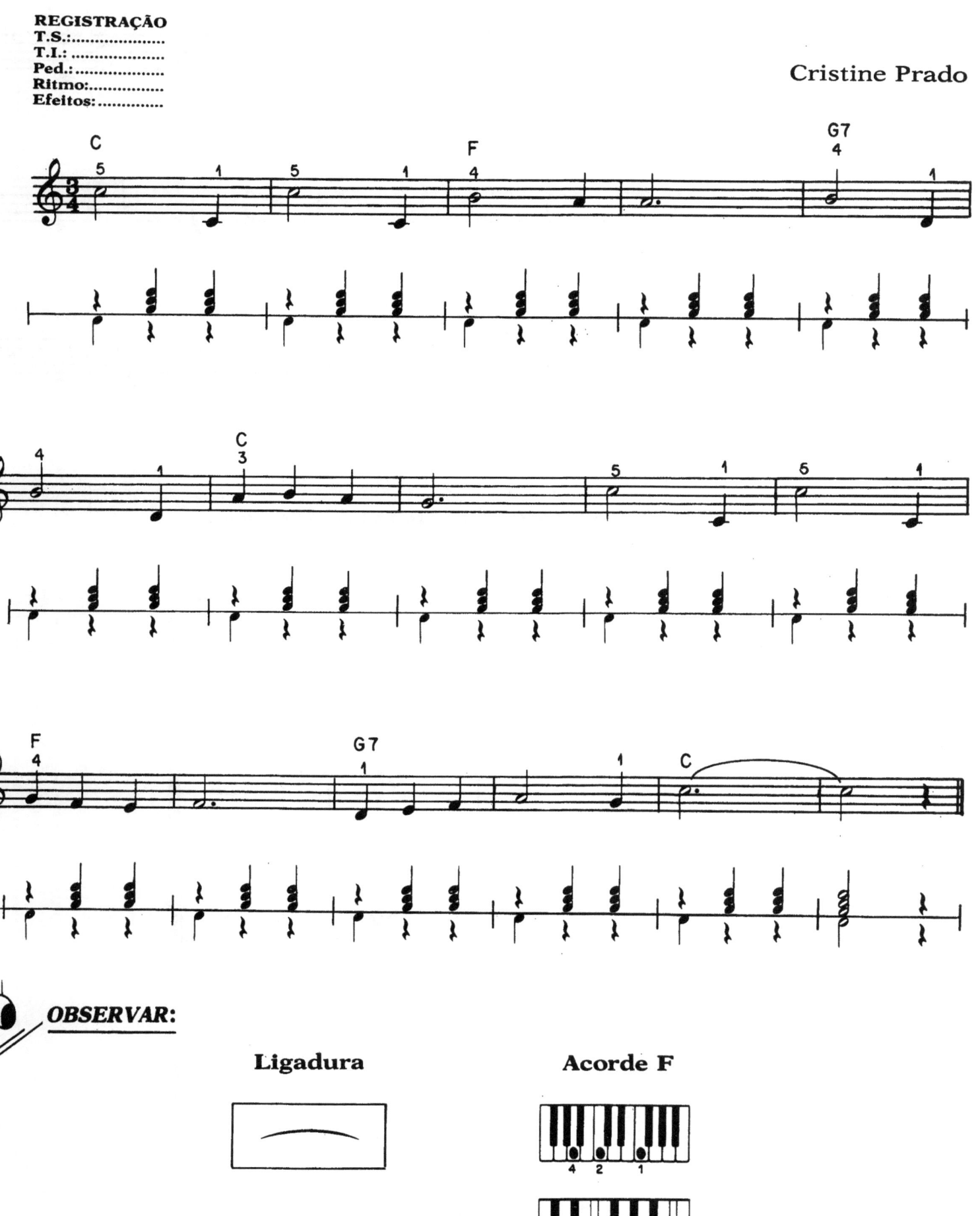

OBSERVAR:

Ligadura   Acorde F

Exercícios para a mão direita

Treine as seguintes seqüências de acordes

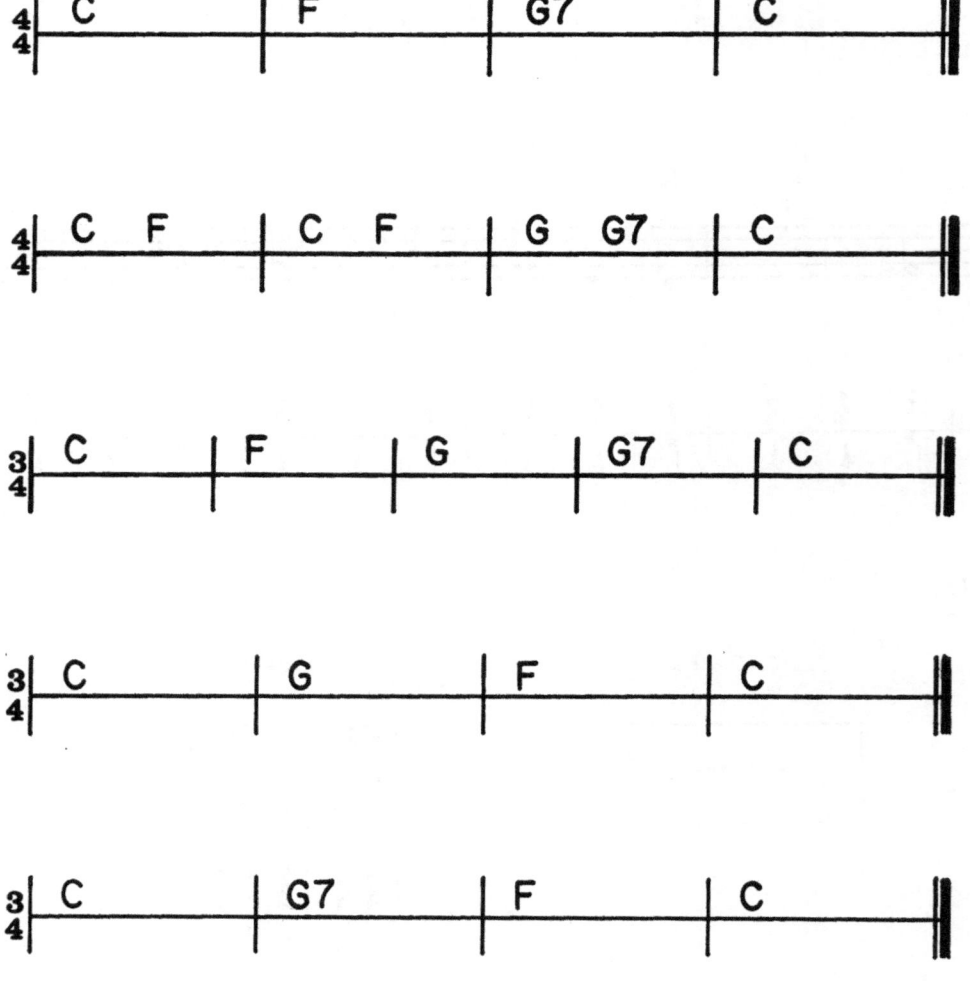

Exercícios aplicados à lição 5

1) Identifique as notas musicais:

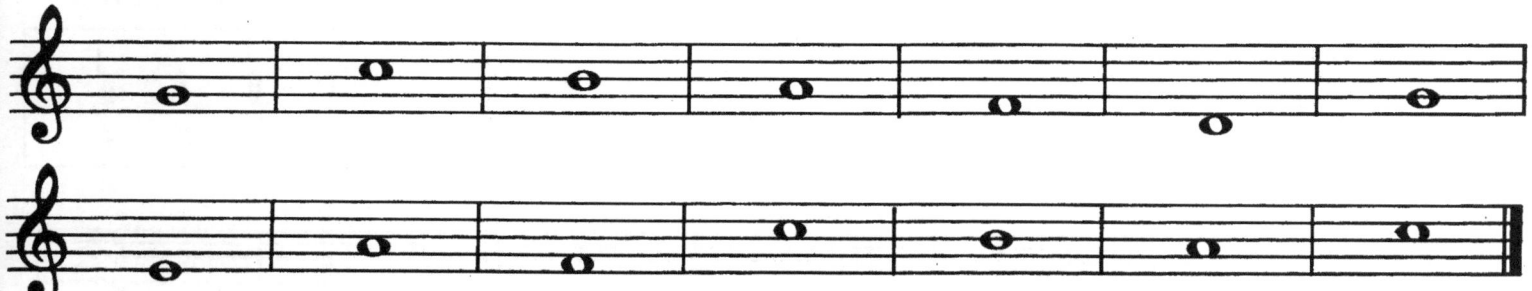

2) Coloque as barras de divisão:

3) O que é ligadura? Para que serve?

4) Escreva os nomes correspondentes às seguintes figuras musicais:

o = ...   ♩ = ...
𝅗𝅥 = ...   𝅗𝅥. = ...
♪ = ...   𝅗𝅥. = ...
𝄽 = ...

5) Faça a correspondência:

Música	Conjunto de linhas e espaços onde escrevemos as notas musicais
Pauta ou pentagrama	Divisão da música em partes iguais
Compasso	Sinal colocado no início da pauta, que dá nome às notas
Clave	A arte dos sons

Lição 6
Coordenação

REGISTRAÇÃO
T.S.: ....
T.I.: ....
Ped.: ....
Ritmo: ....
Efeitos: ....

PADRÃO RÍTMICO

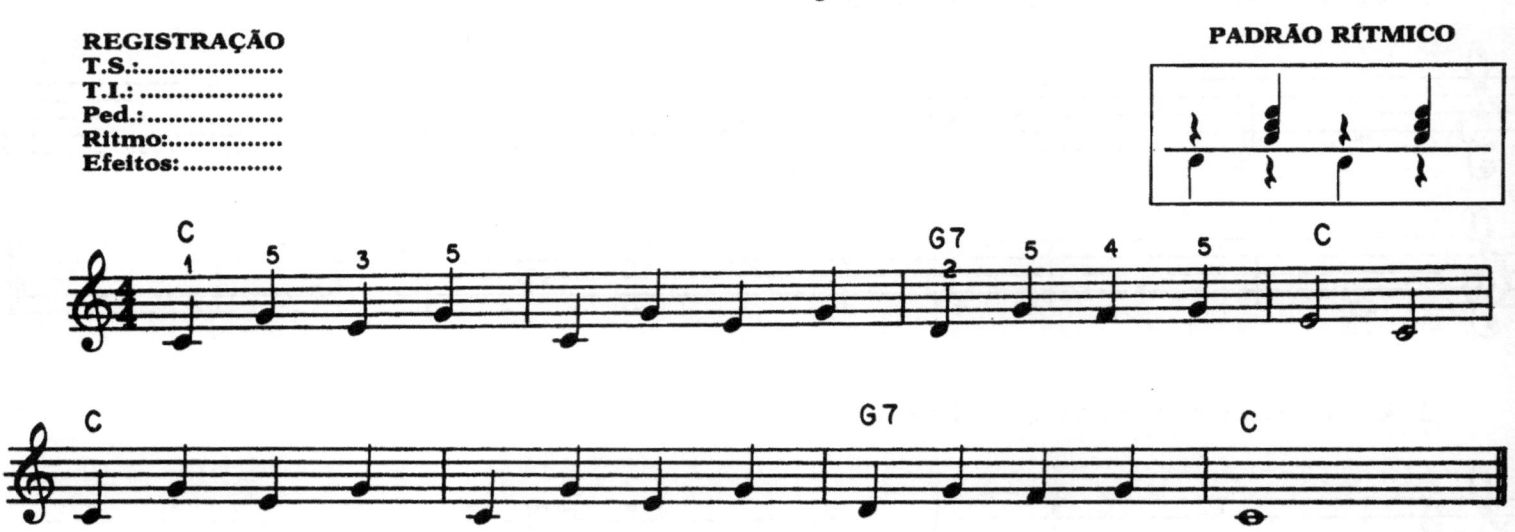

WHEN THE SAINTS GO MARCHING IN

Tradicional

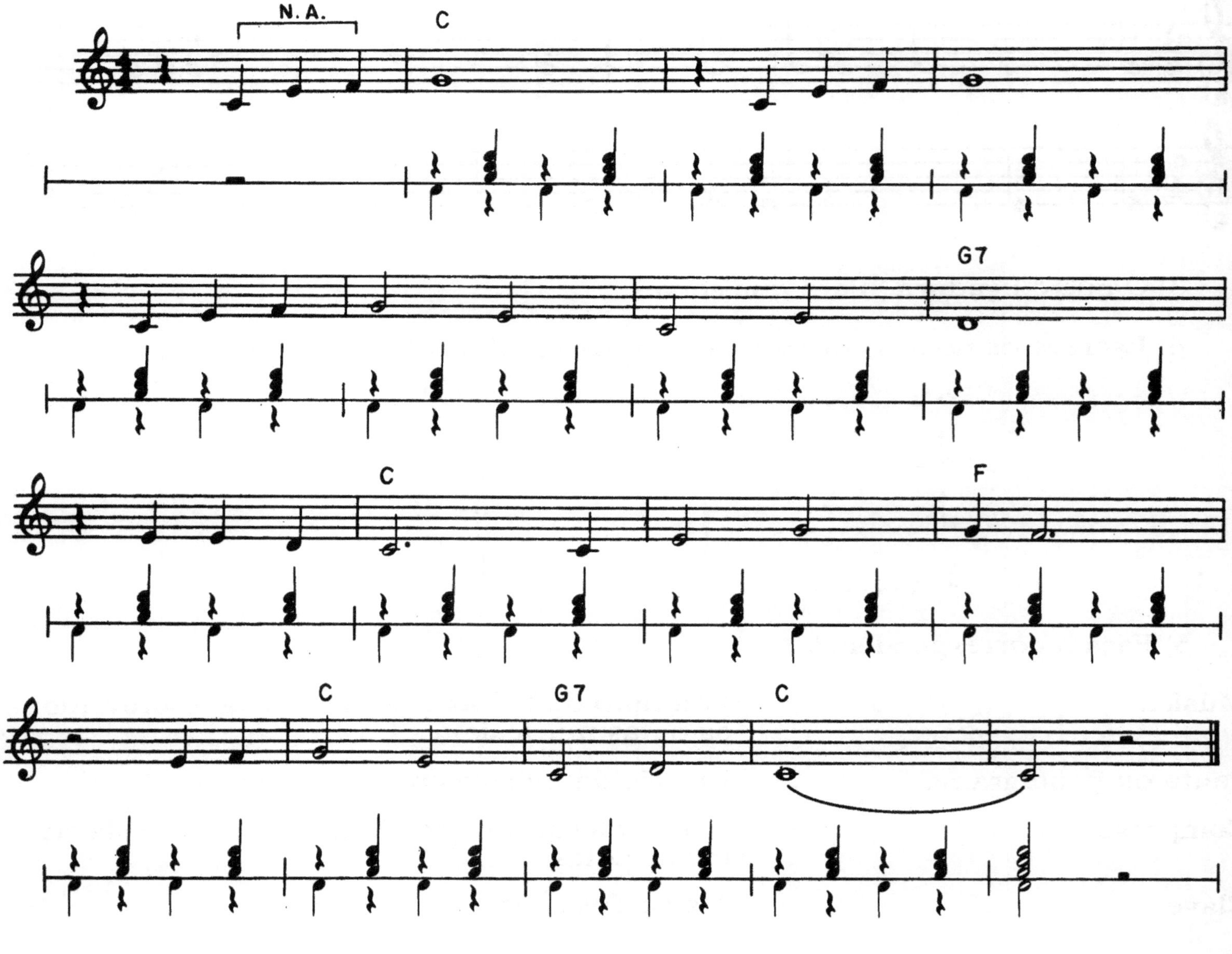

Exercícios para a mão direita

Toque a seguinte seqüência de acordes com padrão rítmico de swing:

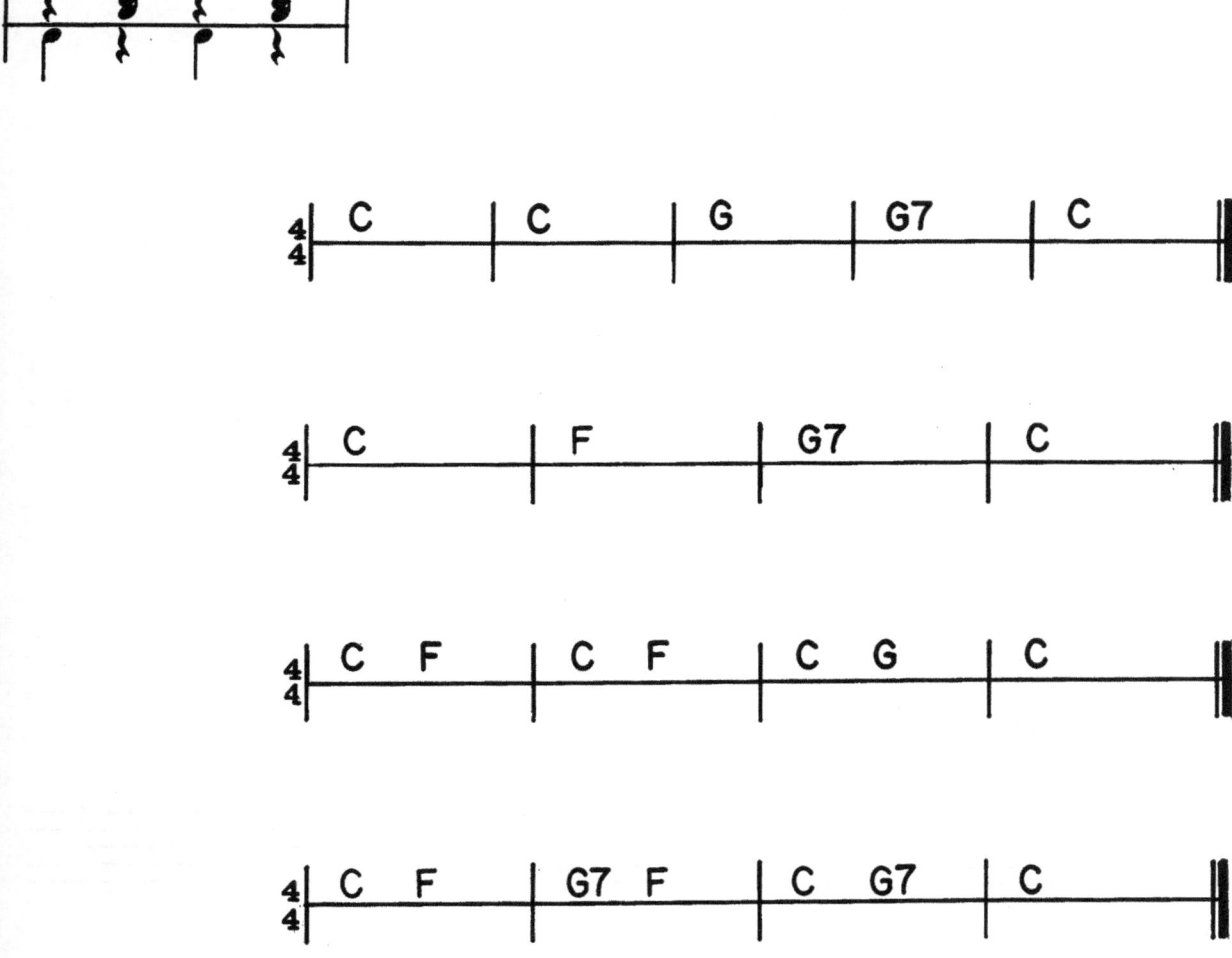

Exercícios aplicados à lição 6

1) Identifique as notas musicais:

2) Coloque as barras de divisão de compasso:

3) Desenhe o padrão rítmico de swing:

4) Desenhe o padrão rítmico de valsa:

5) Defina:

   a) pauta ou pentagrama:

   b) compasso:

   c) ponto de aumento:

   d) anacrusa ou anacruse:

   e) ligadura:

6) Desenhe as notas musicais que já vimos até agora:

Lição 7

OH! SUSANNA

REGISTRAÇÃO
T.S.: ....
T.I.: ....
Ped.: ....
Ritmo: ....
Efeitos: ....

Folclore Americano

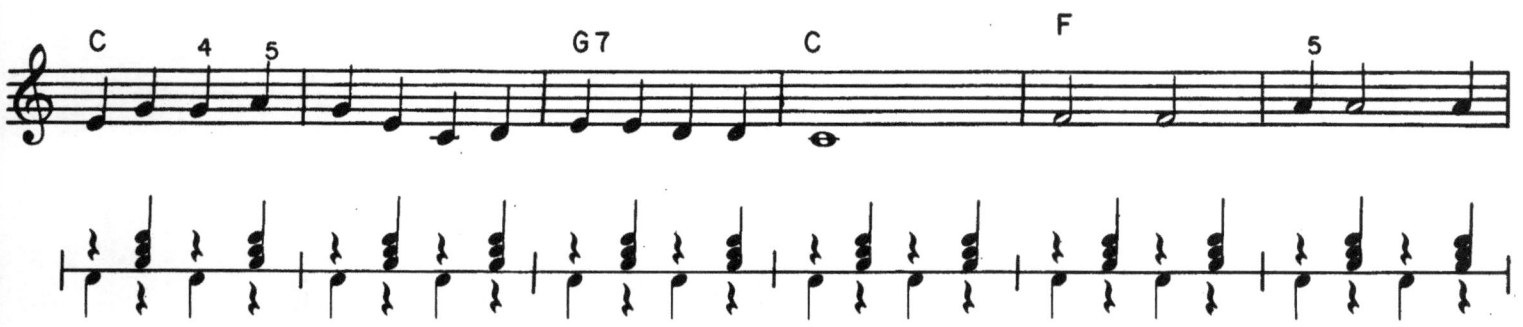

 *OBSERVAR:*

colcheias	Anacruse

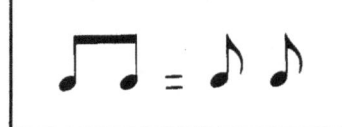

Exercícios para a mão direita

Toque a seguinte seqüência de acordes com padrão rítmico de swing:

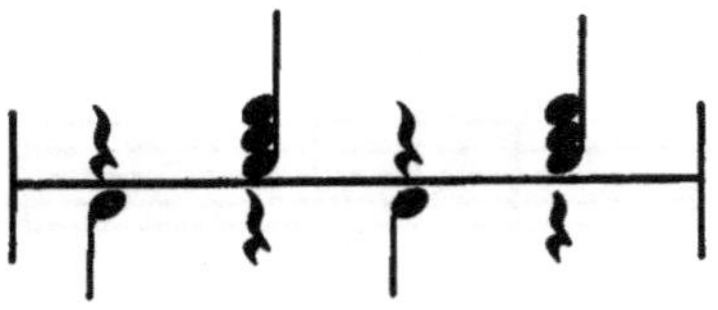

| C G | C G | C F | C |

| C F | C F | C G | C |

| C G | F C | F G | C |

| C G7 | F G7 | G G7 | C |

| C F | G G7 | C F | G7 C |

Exercícios aplicados à lição 7

1) Identifique as notas musicais:

2) Coloque as barras de divisão:

3) Complete os seguintes compassos:

4) Escreva os nomes correspondentes às figuras musicais:

5) Quais são os elementos fundamentais que compõem a música?

6) O que é som?

7) Quais são as quatro propriedades do som?

Lição 8
CAN - CAN

REGISTRAÇÃO
T.S.:......................
T.I.:......................
Ped.:......................
Ritmo:...................
Efeitos:..................

J. Offenbach

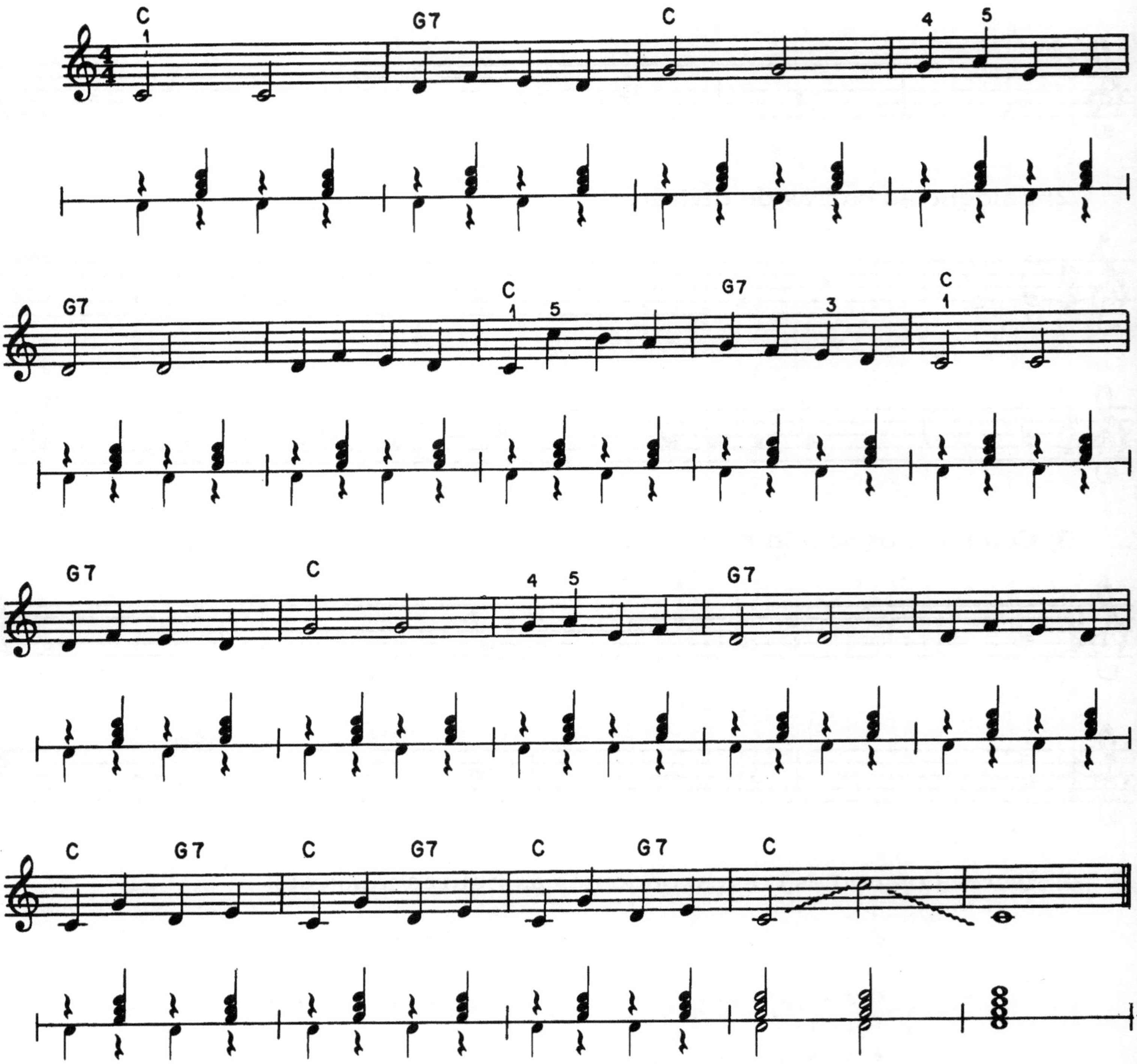

 **OBSERVAR:**

Notas Si e Dó

Glissando

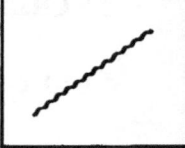

Exercícios para a mão direita

Execute as seguintes seqüências rítmicas

Exercícios aplicados à lição 8

1) Identifique as notas musicais:

2) Coloque as barras de divisão:

3) Complete os seguintes compassos:

4) Para que serve a ligadura?

5) O que significa ⌐1⌐:‖ ⌐2⌐

6) Quantas semínimas equivalem a uma semibreve?

7) Quantas mínimas equivalem a uma semibreve?

8) Quantas colcheias equivalem a uma semibreve?

9) O que é compasso quaternário?

10) Qual é o símbolo que representa o compasso quaternário?

Lição 9

FIVE HUNDRED MILES

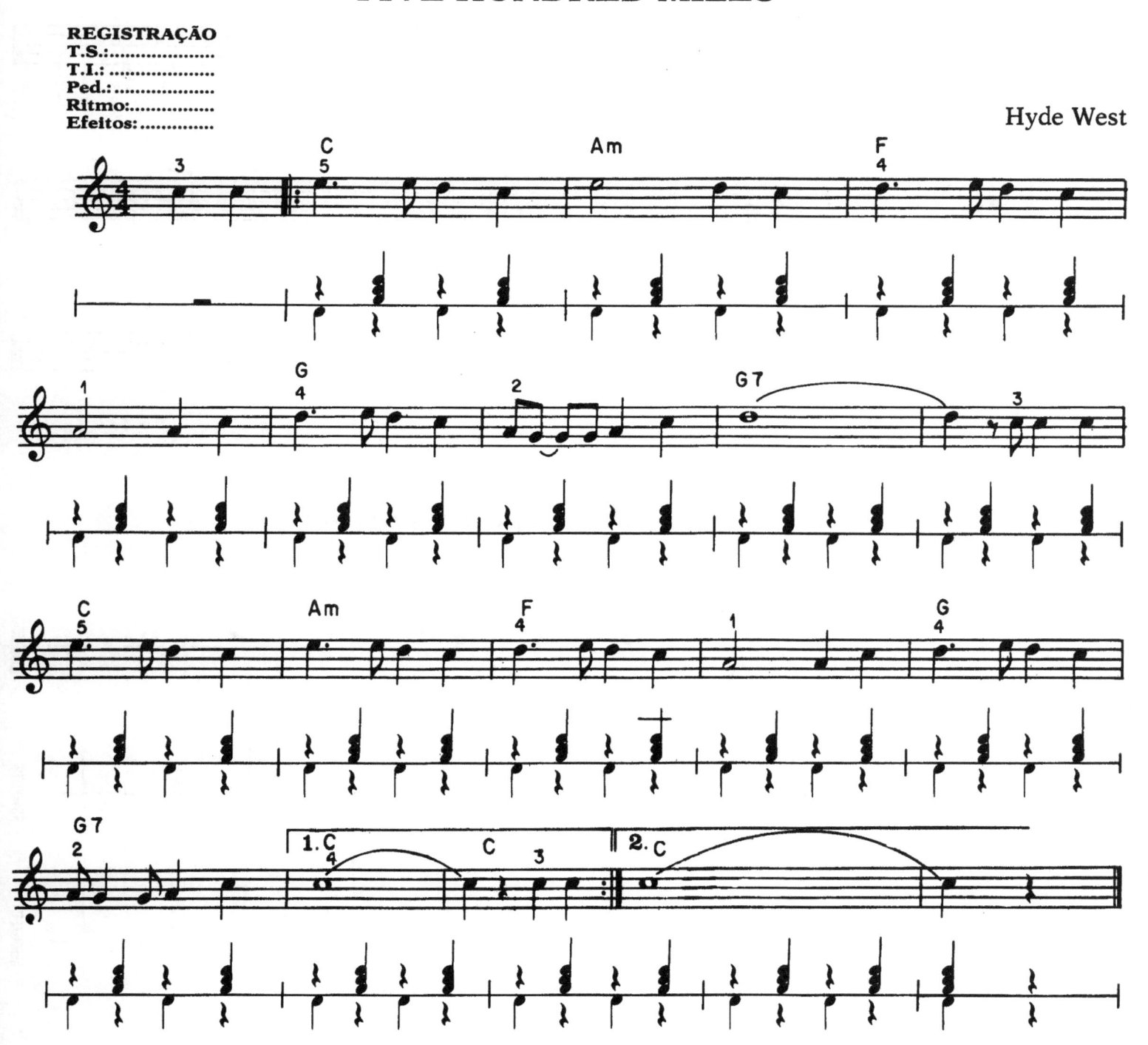

REGISTRAÇÃO
T.S.: ....
T.I.: ....
Ped.: ....
Ritmo: ....
Efeitos: ....

Hyde West

©Copyright by ROBERT MELLIN MUSIC/EMI MUSIC PUBL. LTD.
©Copyright Para o Brasil by EMI ODEON F.I.E. LTDA. (Divisão Itaipu)

OBSERVAR:

Notas Ré e Mi

Acorde Am

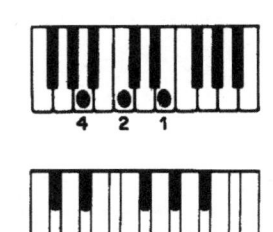

Divisões Rítmicas

Exercícios para a mão direita

Execute as seguintes seqüências rítmicas

Treine as seguintes seqüências de acordes

Exercícios aplicados à lição 9

1) Identifique as notas musicais:

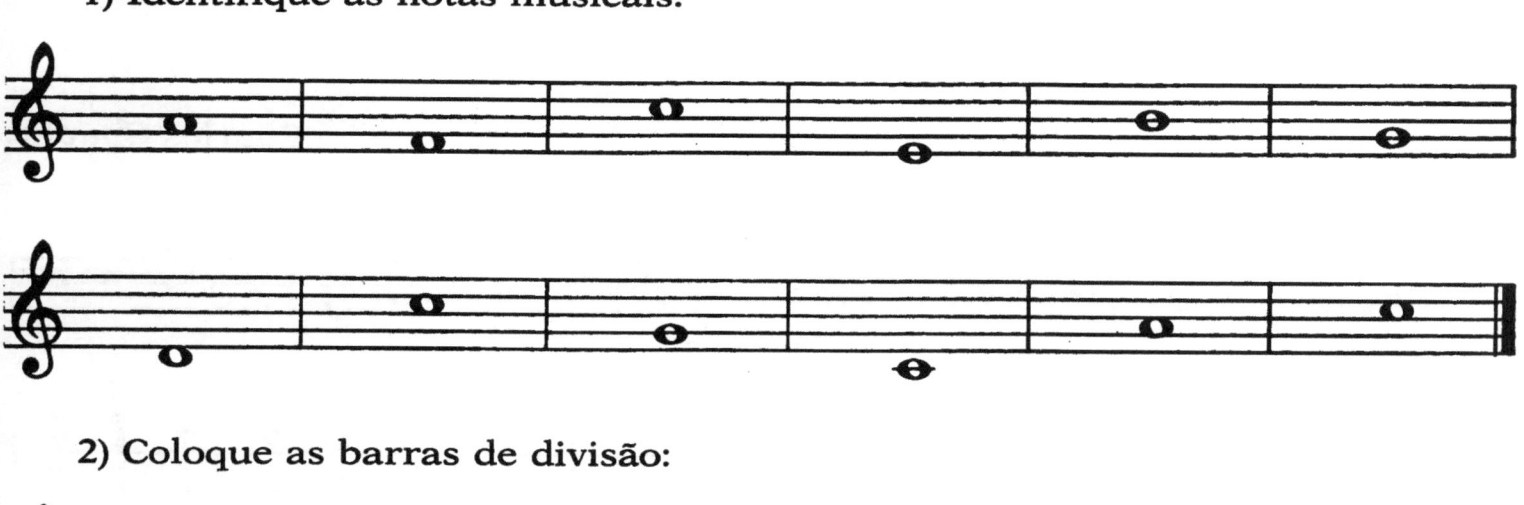

2) Coloque as barras de divisão:

3) Complete os seguintes compassos:

4) O que é anacrusa ou anacruse?

5) O que significa ‖: :‖

6) O que é ligadura?

7) Faça a associação:

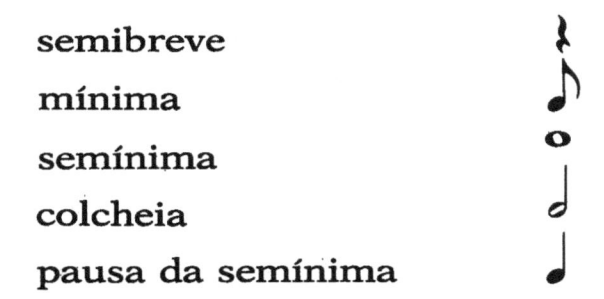

        semibreve

        mínima

        semínima

        colcheia

        pausa da semínima

Lição 10

THIS IS MY SONG

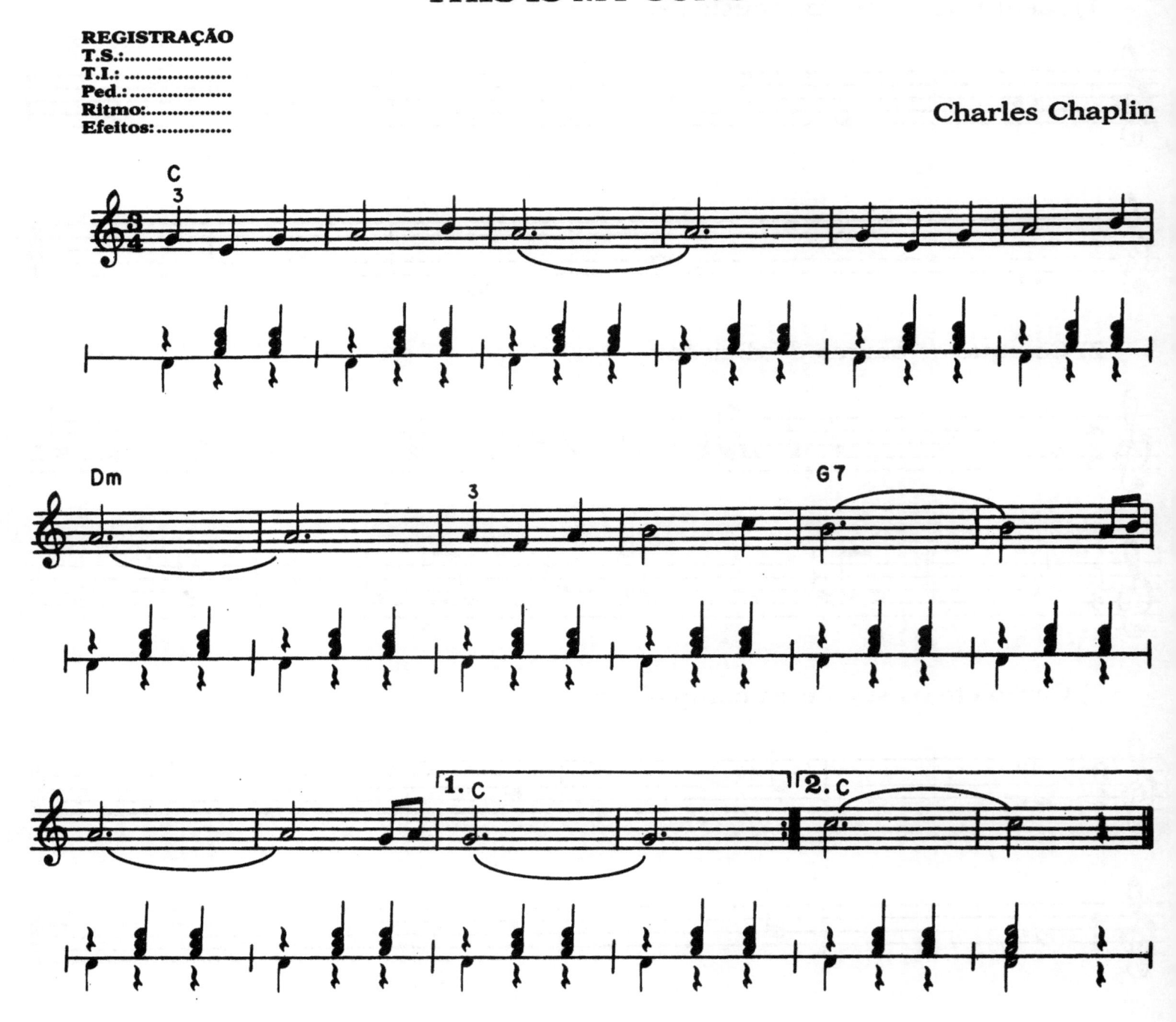

REGISTRAÇÃO
T.S.: ....
T.I.: ....
Ped.: ....
Ritmo: ....
Efeitos: ....

Charles Chaplin

©Copyright 1966/1967 Para o Brasil by MCA DO BRASIL EDIT. MUS. LTDA.

OBSERVAR:

Acorde Dm

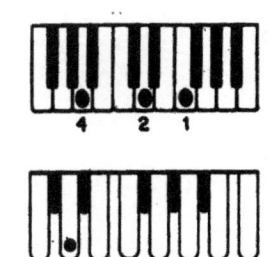

Exercícios para a mão direita

Treine as seguintes seqüências de acordes

| 4/4 | C | Am | Dm | G7 | C |

| 4/4 | C Am | Dm F | G G7 | C F | C |

Exercícios aplicados à lição 10

1) Identifique as notas musicais:

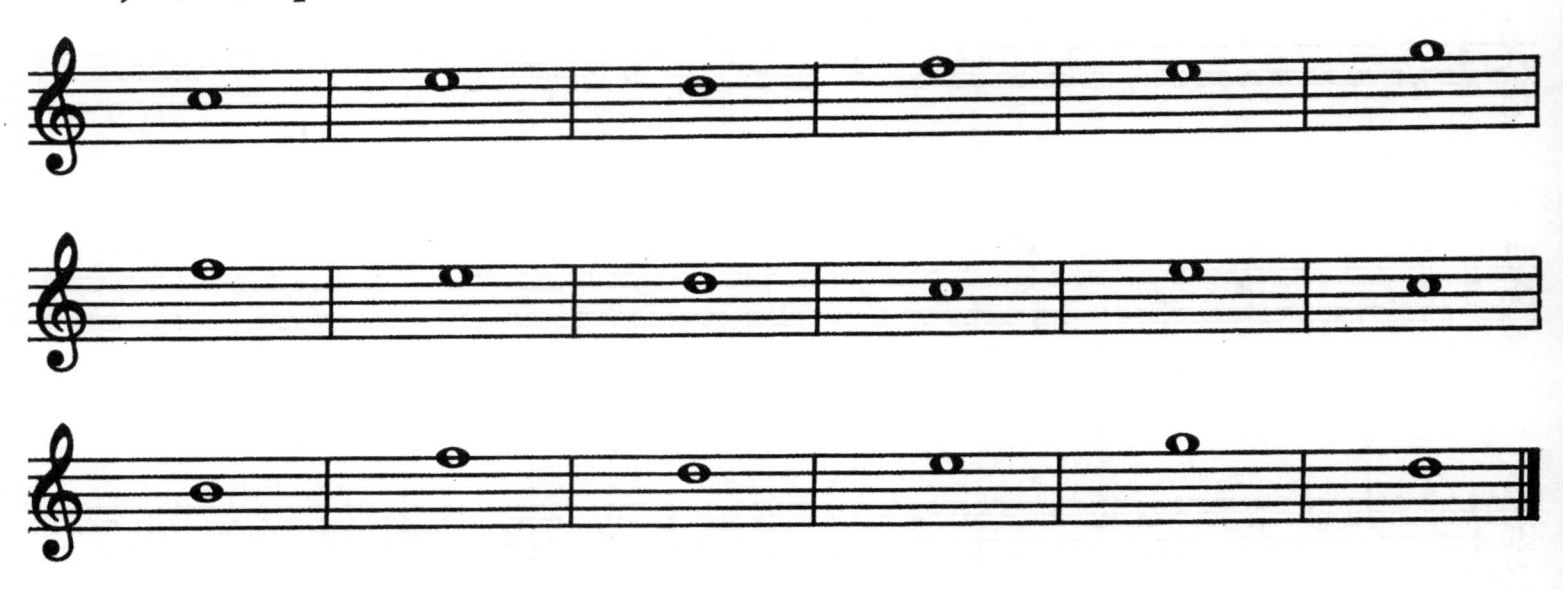

2) Coloque as barras de divisão:

3) Complete os seguintes compassos:

4) O que é compasso ternário?

5) Como podemos representá-lo?

6) Desenhe toda a seqüência de notas musicais que aprendemos até agora:

Lição 11

AURA LEE

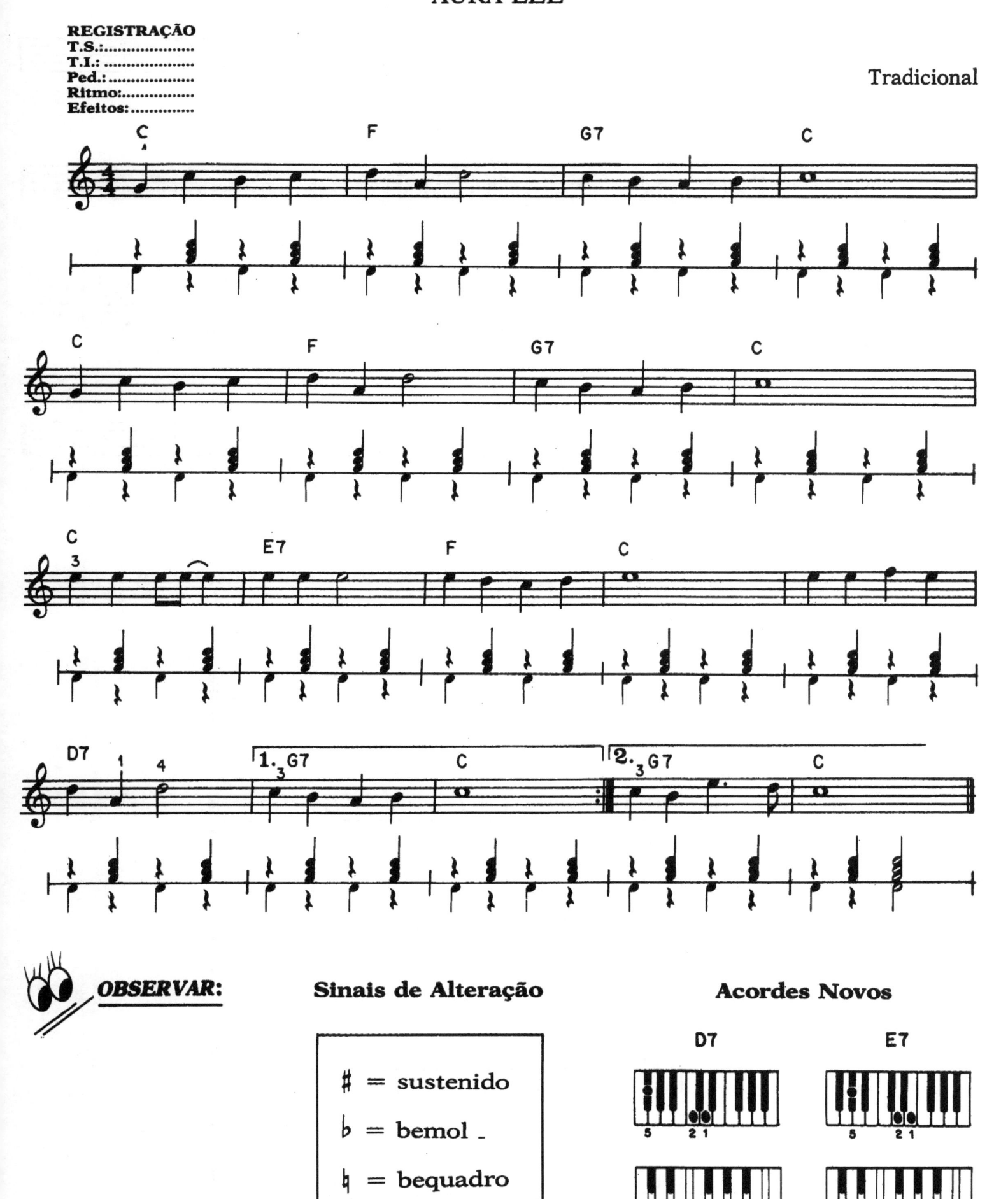

REGISTRAÇÃO
T.S.: ....
T.I.: ....
Ped.: ....
Ritmo: ....
Efeitos: ....

Tradicional

OBSERVAR:

Sinais de Alteração

- ♯ = sustenido
- ♭ = bemol
- ♮ = bequadro

Acordes Novos

D7   E7

Exercícios para a mão direita

Toque a seguinte seqüência de acordes com padrão rítmico de swing e valsa:

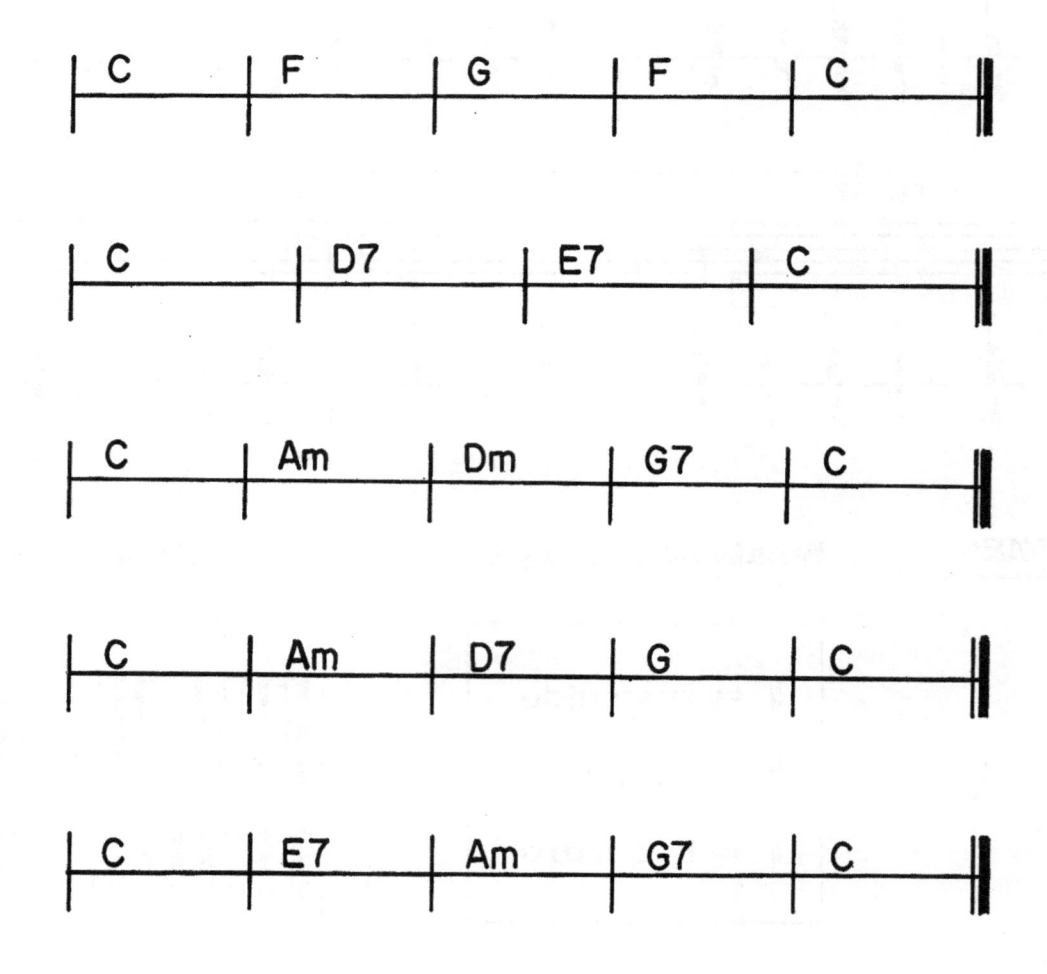

| C | F | G | F | C |

| C | D7 | E7 | C |

| C | Am | Dm | G7 | C |

| C | Am | D7 | G | C |

| C | E7 | Am | G7 | C |

Exercícios aplicados à lição 11

1) Identifique as notas musicais:

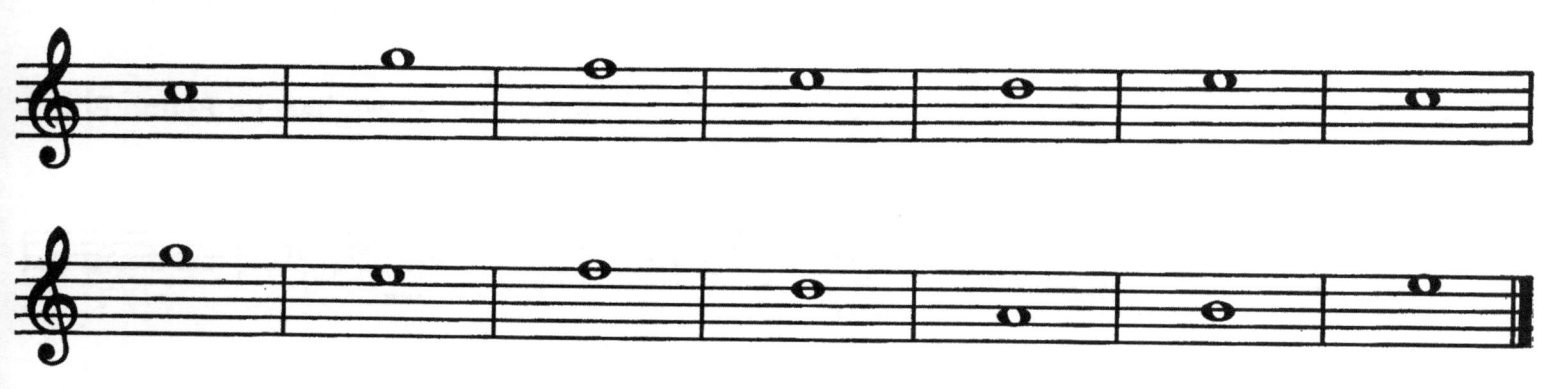

2) Coloque as barras de divisão:

3) Complete os seguintes compassos:

4) O que são sinais de alteração ou acidentes?

5) Como se chamam os seguintes sinais de alteração?

$\sharp$ = ...
$\flat$ = ...
$\natural$ = ...

6) Quantas colcheias equivalem a uma mínima?

7) Quantas semínimas equivalem a uma semibreve?

Lição 12

BANHO DE LUA

REGISTRAÇÃO
T.S.:....................
T.I.:....................
Ped.:....................
Ritmo:....................
Efeitos:....................

Francesco F. Migliacci e Bruno Filipp

©Copyright 1959 by EDIZIONE MUSICALE ACCORDO - MILANO - ITÁLIA - SIAI

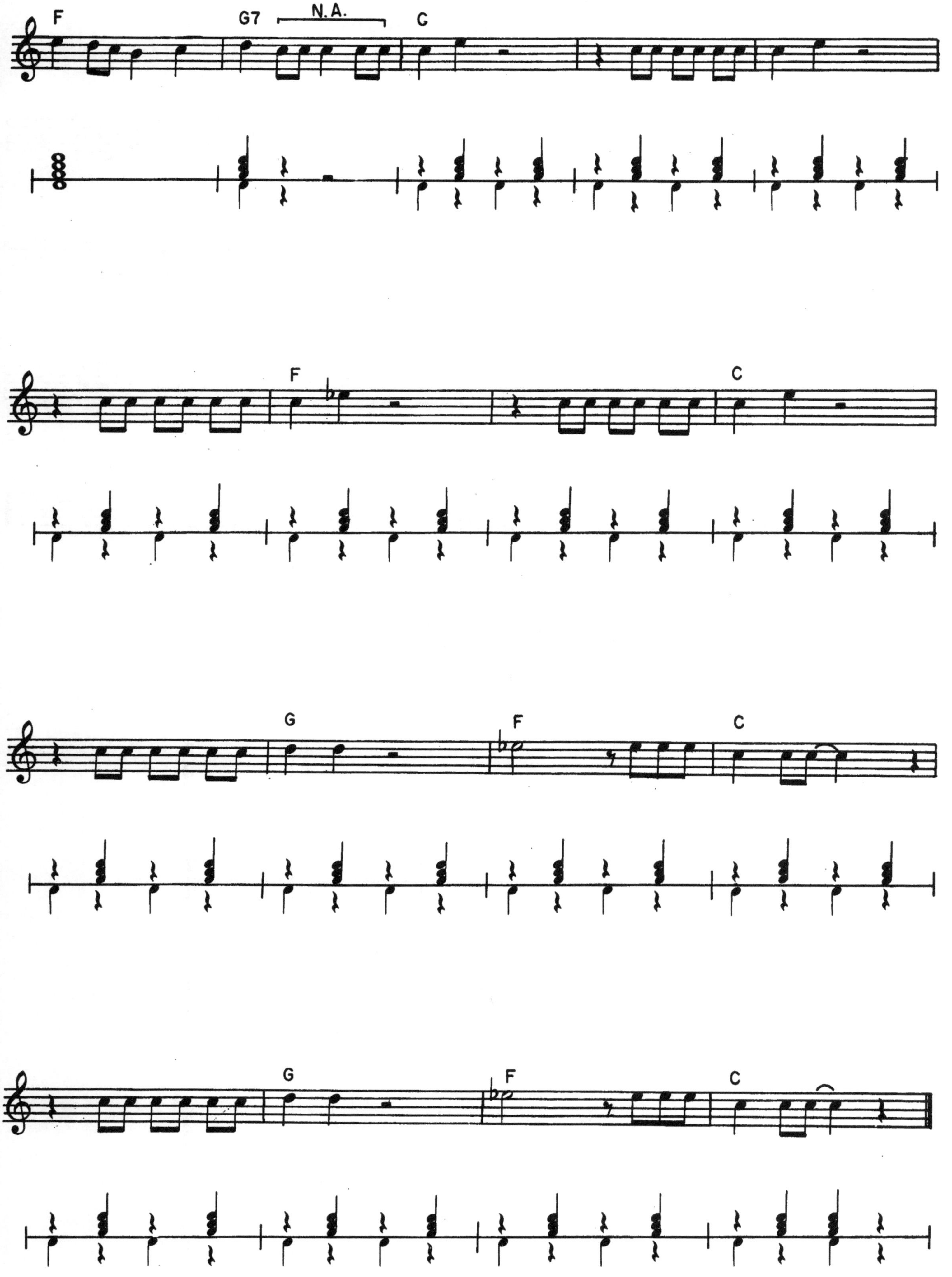
F
G7
N.A.
C
F
C
G
F
C
G
F
C

Exercícios para a mão direita

Treine as seguintes seqüências de acordes

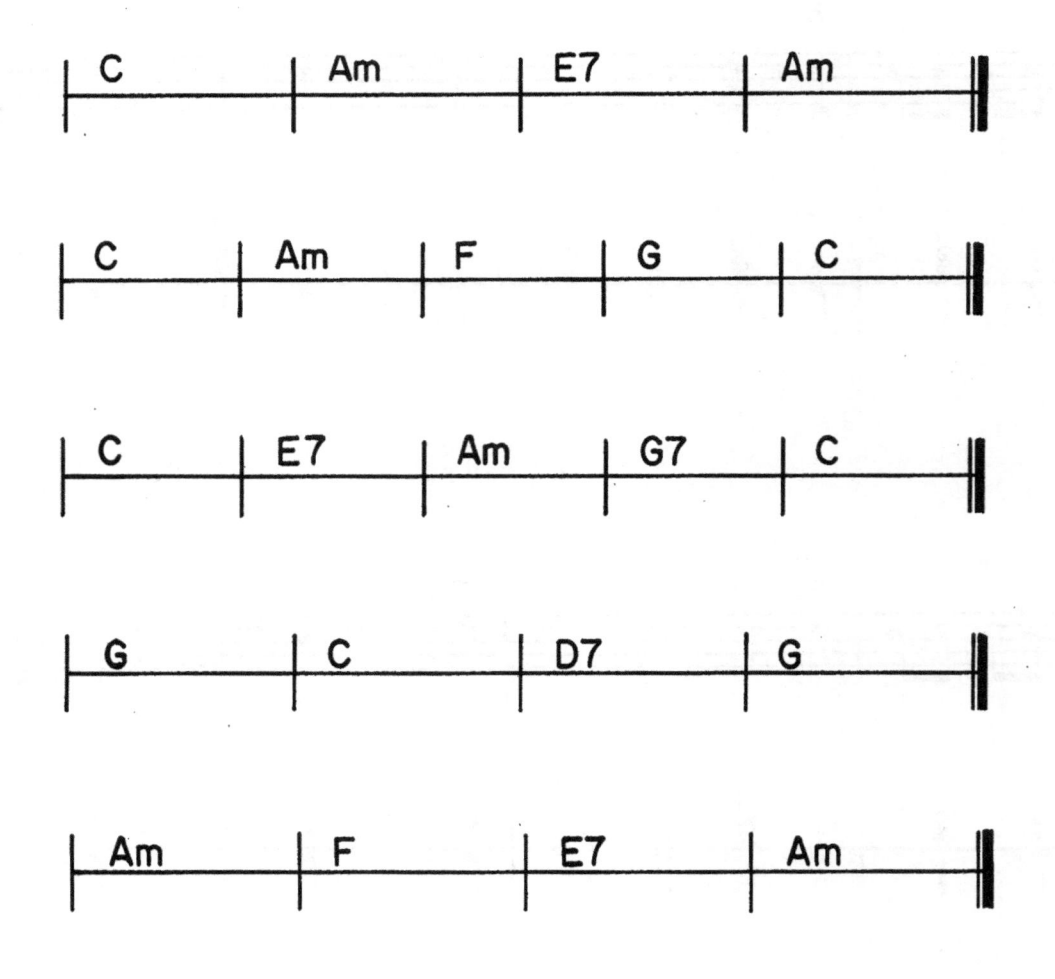

| C | Am | E7 | Am |

| C | Am | F | G | C |

| C | E7 | Am | G7 | C |

| G | C | D7 | G |

| Am | F | E7 | Am |

Exercícios aplicados à lição 12

1) Identifique as notas musicais:

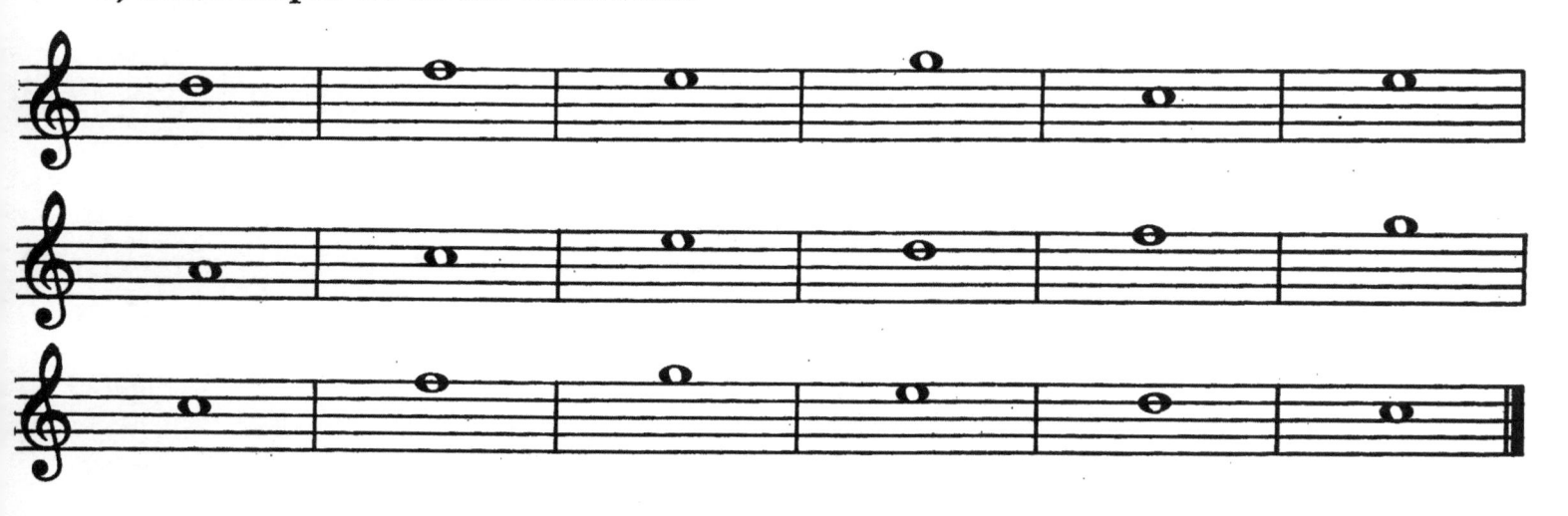

2) Coloque as barras de divisão:

3) Qual a diferença entre sinais de alteração fixos e ocorrentes?
4) Para que serve o sustenido?
5) Para que serve o bemol?
6) Para que serve o bequadro?
7) Quanto valem as seguintes figuras musicais?

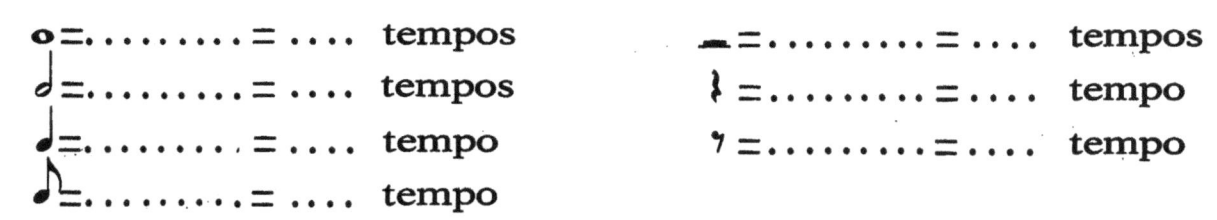

𝅝 =.......... = ... tempos   𝄻 =.......... = ... tempos
𝅗𝅥 =.......... = ... tempos   𝄽 =.......... = ... tempo
♩ =.......... = ... tempo   𝄾 =.......... = ... tempo
♪ =.......... = ... tempo

8) Faça quatro compassos quaternários

9) Faça quatro compassos ternários

CERTIFICADO DE CONCLUSÃO

Certifico que...
concluiu satisfatoriamente o Estágio I de "Aprenda a Tocar" Órgão Eletrônico e Teclado, de Cristine Prado, estando apto(a) a prosseguir seus estudos, cursando o Estágio II.

.... , ... de .... de ....

....
(assinatura do professor)

ESTÁGIO II

Estágio II
BAIXO ALTERNADO

É um recurso utilizado para dar maior variedade e movimento a uma peça musical.

COMO FAZER O BAIXO ALTERNADO

1) O baixo alternado é feito com a nota principal do acorde (tônica) e com a quinta nota a partir dela.

Exemplo:

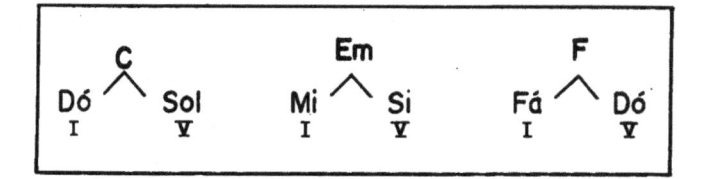

```
        C              Em             F
    Dó ∧ Sol        Mi ∧ Si        Fá ∧ Dó
    I    V          I    V         I    V
```

2) Às vezes, pode ocorrer repetição do baixo alternado com a nota principal do acorde seguinte. Neste caso, temos duas opções:
 a) não alternar o baixo nesse acorde;
 b) usar o terceiro grau.

Exemplos:

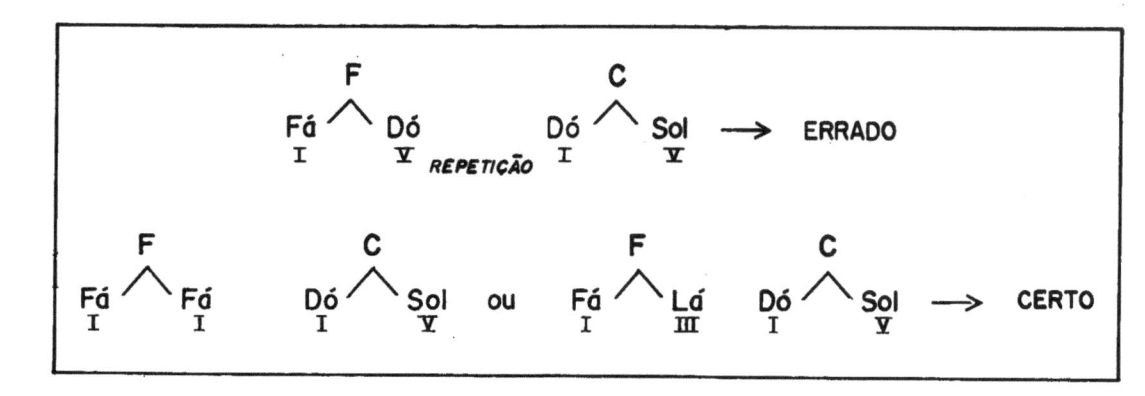

```
            F                  C
        Fá ∧ Dó            Dó ∧ Sol   →  ERRADO
        I    V  REPETIÇÃO  I    V

    F          C              F          C
 Fá ∧ Fá    Dó ∧ Sol   ou  Fá ∧ Lá    Dó ∧ Sol   →  CERTO
 I    I     I    V          I    III   I    V
```

3) Nos acordes de dominante (acordes maiores com sétima menor) devemos inverter a ordem dos pedais.

Exemplo:

```
        G              G7
    Sol ∧ Ré       Ré ∧ Sol
    I    V         V    I
```

Obs.: Caso esses acordes venham em seqüência, podemos usar a regra n.º 2.

BAIXO CAMINHANTE

Chamamos baixo caminhante, ou "walking bass", à seqüência de notas tocadas pelo baixo, unindo as tônicas de um acorde a outro.

Exemplo:

Linhas e Espaços Suplementares Superiores e Inferiores

Sendo a pauta musical composta apenas de cinco linhas e quatro espaços, às vezes se faz necessário acrescentar pequenas linhas para representar sons mais graves ou mais agudos.

Exemplo:

Símbolos Musicais

D.C. =	Do Começo (original italiano = Da Capo)
D.S. =	Do Sinal (original italiano = Dal Segno)
𝄋 =	Sinal (original italiano = Segno)
⊕ =	Coda (significa parte final)
to ⊕ =	passar para o símbolo ⊕ (passar para a parte final)

COMPASSOS SIMPLES

Como já vimos anteriormente, as figuras musicais não possuem valor fixo.
O que determina o tempo de duração das figuras musicais é a fórmula de compasso.
O numerador da fórmula indica o número de tempos contidos em cada compasso.
O denominador indica a unidade de tempo, ou seja, a figura que indicará um tempo nesse tipo de compasso.

Exemplos:

$\frac{4}{1}$ = 4 tempos por compasso
𝅝 = unidade de tempo

$\frac{4}{2}$ = 4 tempos por compasso
𝅗𝅥 = unidade de tempo

$\frac{4}{4}$ = 4 tempos por compasso
𝅘𝅥 = unidade de tempo

$\frac{4}{8}$ = 4 tempos por compasso
𝅘𝅥𝅮 = unidade de tempo

DENOMINADORES

1 = 𝅝 = 1 tempo
2 = 𝅗𝅥 = 1 tempo
4 = 𝅘𝅥 = 1 tempo
8 = 𝅘𝅥𝅮 = 1 tempo
16 = 𝅘𝅥𝅯 = 1 tempo
32 = 𝅘𝅥𝅰 = 1 tempo
64 = 𝅘𝅥𝅱 = 1 tempo

Unidade de compasso é a figura que sozinha preenche um compasso.

Exemplo: $\frac{4}{4}$ = u.c. = 𝅝

$\frac{4}{8}$ = u.c. = 𝅗𝅥

ESCALAS DIATÔNICAS

Até o final do século XVI, a música era composta no sistema modal (modos gregorianos, por exemplo).

A partir dessa época, começa a estabelecer-se o sistema tonal, que se utiliza dos dois modos gregorianos de maior uso.

As escalas são seqüências de oito notas consecutivas que obedecem a uma determinada disposição de tons e semitons.

Chamamos de *semitom* à menor distância entre as notas no teclado, e do *tom*, à soma de dois semitons.

De acordo com a seqüência de tons e semitons, as escalas podem ser: maiores ou menores.

Escalas Maiores

São aquelas que apresentam a seguinte seqüência:

Tom - Tom - Semitom - Tom - Tom - Tom - Semitom

Exemplo: Escala de Dó Maior

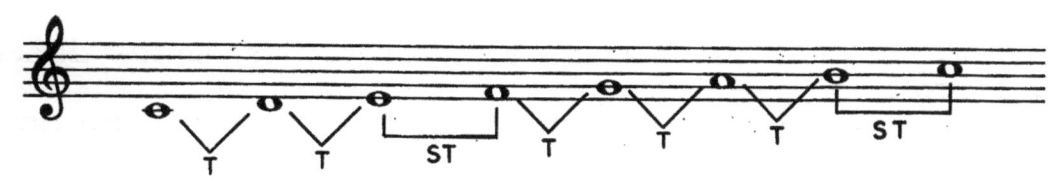

Podemos dividir uma escala em duas metades e chamá-las de **tetracordes**.
Os tetracordes são grupos de quatro notas sucessivas de forma tal, que o segundo tetracorde de uma escala seja o primeiro da escala seguinte.
Assim temos:

Dó Maior

As próximas escalas deverão seguir a mesma seqüência de tons e semitons. Para que isto seja possível, nos utilizaremos dos sinais de alteração.

Exemplo: Sol Maior

O novo sustenido é acrescido sempre ao sétimo grau da escala.
As escalas sucedem-se de cinco em cinco graus, assim como os sustenidos da armadura de clave.

Ordem dos sustenidos:

FÁ DÓ SOL RÉ LÁ MI SI

O restante das escalas diatônicas maiores é construído com bemóis.

O processo de divisão em tetracordes é o mesmo, porém com as escalas descendentes.

Exemplo: Dó Maior

O novo bemol é sempre acrescido ao quarto grau ascendente ou quinto descendente.

As escalas sucedem-se de quatro em quatro graus, assim como os bemóis na armadura de clave.

Ordem dos Bemóis

SI MI LÁ RÉ SOL DÓ FÁ

Escalas Menores

São escalas que não possuem armadura de clave própria, sendo dependentes das escalas maiores.

Encontramos a nota inicial de uma escala menor no VI grau (sexta nota) da escala maior.

Exemplo: Dó maior - Lá menor

As escalas menores possuem a seguinte seqüência de tons e semitons:

Tom - Semitom - Tom - Tom - Semitom - Tom - Tom

Exemplo: Lá menor

Essas escalas menores são chamadas de "antigas", "primitivas", "puras" ou "naturais".

Existem ainda outras formas de escalas menores. A seguir veremos duas delas.

Escala Menor Harmônica

É uma forma de escala menor, em que o VII grau está alterado um semitom acima.

Exemplo: Lá menor harmônica

Escala Menor Melódica

É uma forma de escala menor, em que o VI e VII graus são alterados um semitom acima, porém somente no movimento ascendente.

Exemplo: Ré menor melódica

TONALIDADE

Reconhecer em que tom se encontra uma peça musical, significa reconhecer em que escala ela foi baseada.

Para reconhecermos o tom em que está um determinado trecho musical devemos verificar:

a) a armadura de clave;

b) se há alteração no VII grau da escala menor;

c) a última nota da melodia;

d) o acorde final.

Exemplo: Ré menor

MODULAÇÃO

É a passagem de um tom a outro, ou ainda, de um modo para outro, durante uma peça musical.

Isto é feito principalmente para enriquecer a melodia e dar-lhe maior variedade.

Observe a modulação que ocorre em "Cidade Maravilhosa".

DÓ MAIOR

DÓ MENOR

Lição 1

YES SIR, THAT'S MY BABY

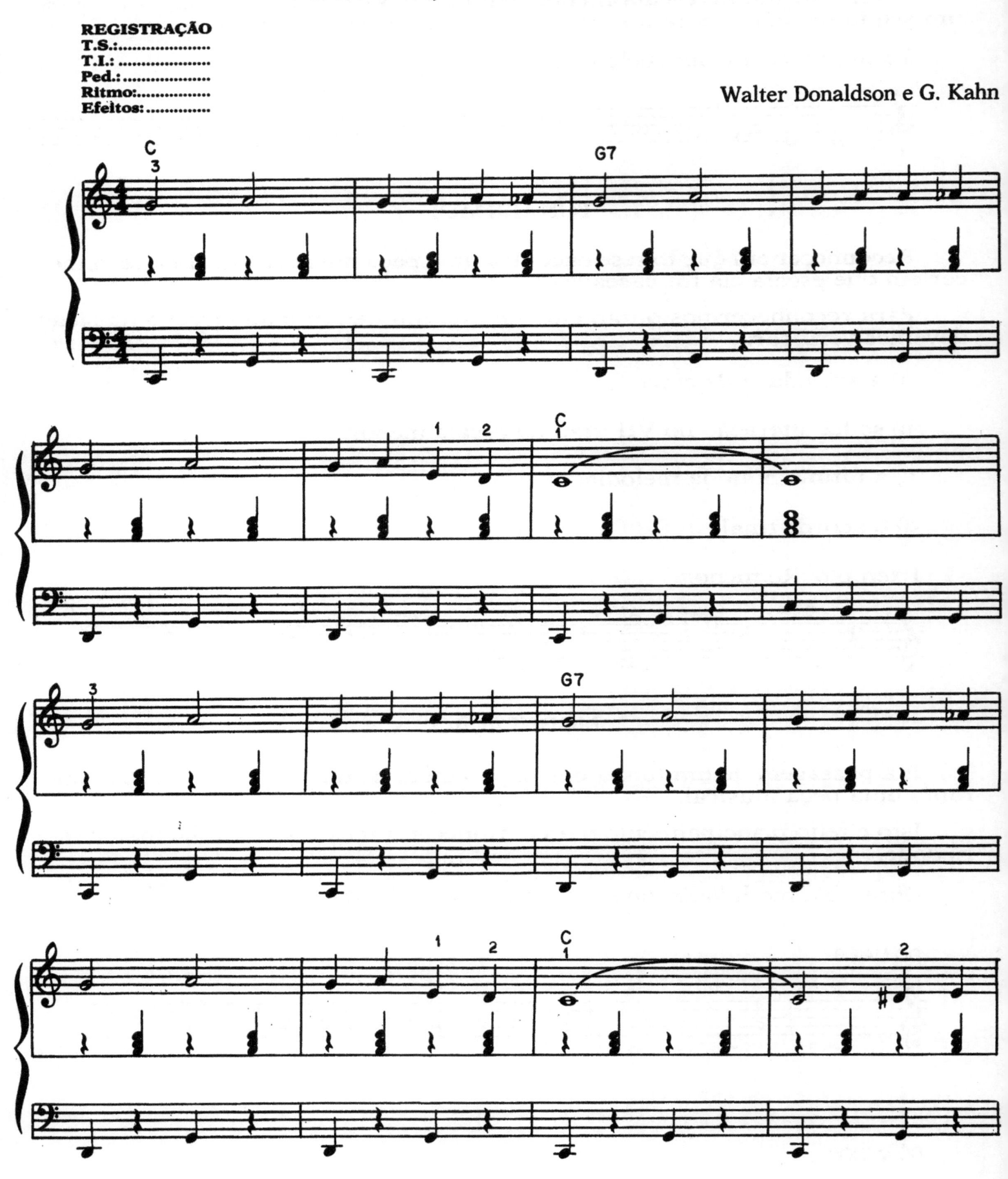

REGISTRAÇÃO
T.S.:..................
T.I.:..................
Ped.:..................
Ritmo:..................
Efeitos:..................

Walter Donaldson e G. Kahn

©Copyright by BOURNE INCORPORATION
©Copyright Para o Brasil by FERMATA DO BRASIL LTDA.

61

OBSERVAR:

Baixo Alternado e Caminhante

Linhas Suplementares Inferiores

Clave de Fá

Toque os seguintes exercícios de pedal:

Toque os seguintes acordes com baixo alternado:

Toque as seguintes passagens de pedal caminhante:

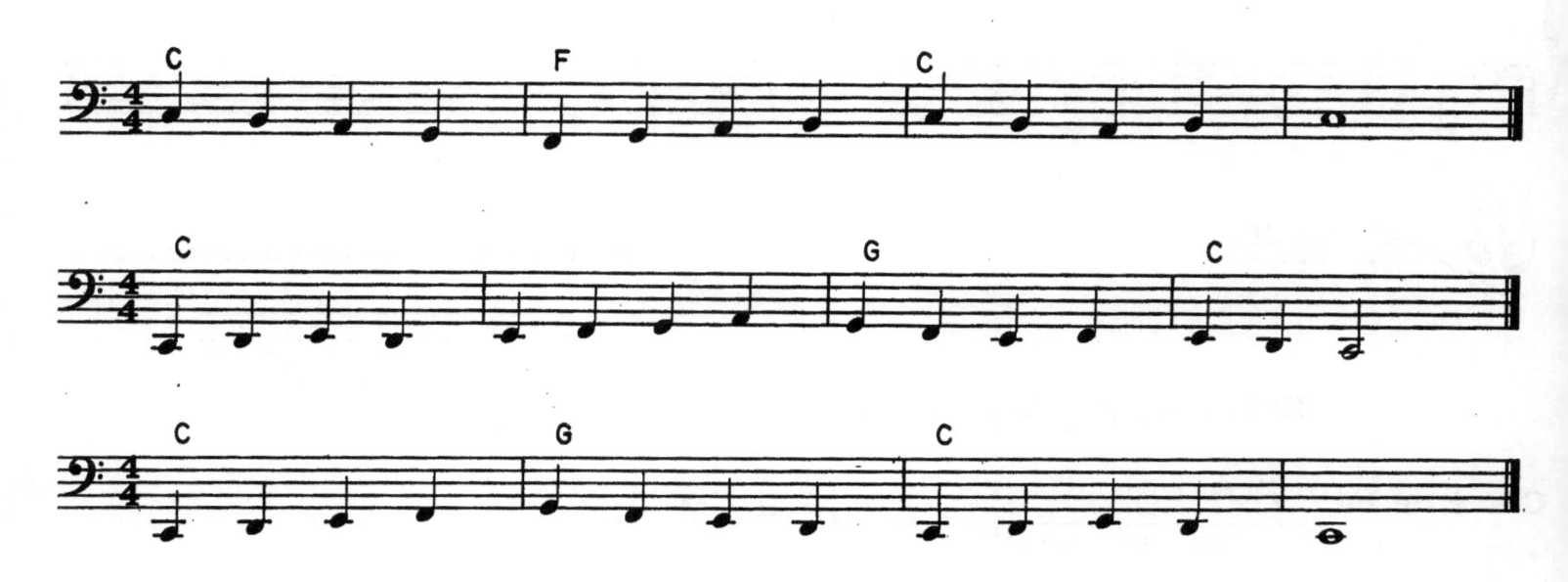

Exercícios aplicados à lição 1

1) Identifique as notas musicais em clave de fá:

2) Escreva em clave de fá os pedais alternados dos seguintes acordes:

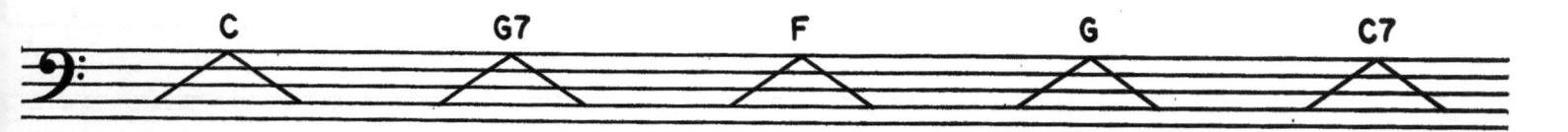

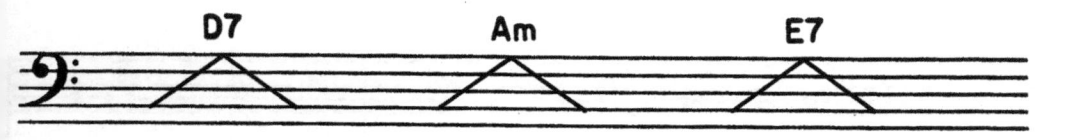

C   G7   F   G   C7

D7   Am   E7

3) O que é pedal alternado?

4) O que é pedal caminhante?

5) Para que serve a clave de fá?

6) Desenhe a clave de fá.

Lição 2

BEER BARRIL POLKA

REGISTRAÇÃO
T.S.:....................
T.I.:....................
Ped.:....................
Ritmo:..................
Efeitos:.................

Lew Brown,
Wladimir Timm,
Jaromir Vejvoda e Vasek Zeman

©Copyright 1934/1939 by SHAPIRO, BERNSTEIN, CO. INC.
©Copyright Para o Brasil by EDITORA MUSICAL "BMG ARABELLA" LTDA.

OBSERVAR: Outras regras para pedal alternado   Compasso ¢

Toque os seguintes acordes com pedal alternado:

Toque as seguintes seqüências de baixo caminhante:

Toque os seguintes exercícios de pedal:

Execute a seguinte seqüência rítmica

Exercícios aplicados à lição 2

1) Identifique as notas musicais em clave de fá:

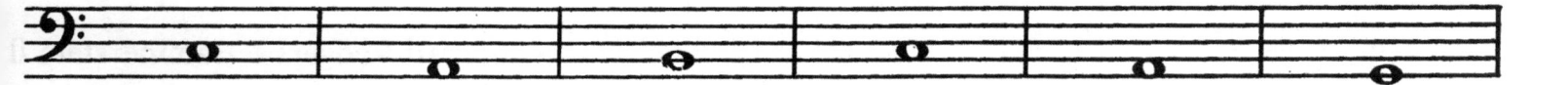

2) Escreva os baixos alternados dos seguintes acordes:

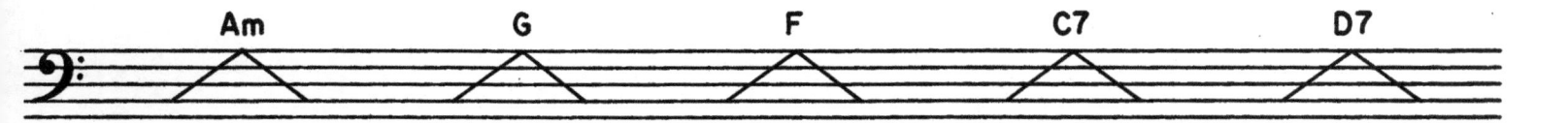

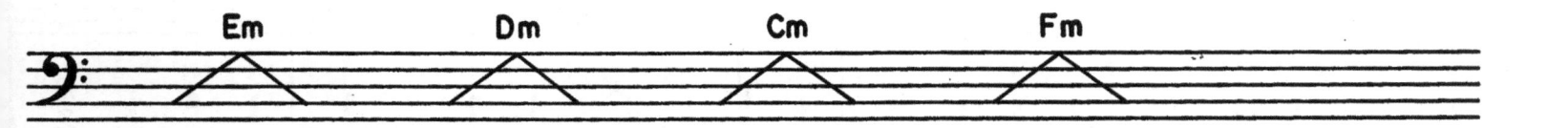

Am   G   F   C7   D7

Em   Dm   Cm   Fm

3) Explique como se faz o baixo alternado.

4) Quantos tipos de clave de fá existem?

5) Qual a diferença entre eles?

6) Qual das claves de fá iremos usar?

7) Devemos alternar o baixo do último compasso de uma música? Por que?

Lição 3

DÓ-RÉ-MI

REGISTRAÇÃO
T.S.: ....
T.I.: ....
Ped.: ....
Ritmo: ....
Efeitos: ....

Richard Rodgers e Hammerstein II

©Copyright 1959 by WILLIAMSON MUSIC CO. § EMI MUSIC PUBLISHING LTD.
©Copyright Para o Brasil by ODEON F.I.E. LTDA. (Divisão Itaipu)

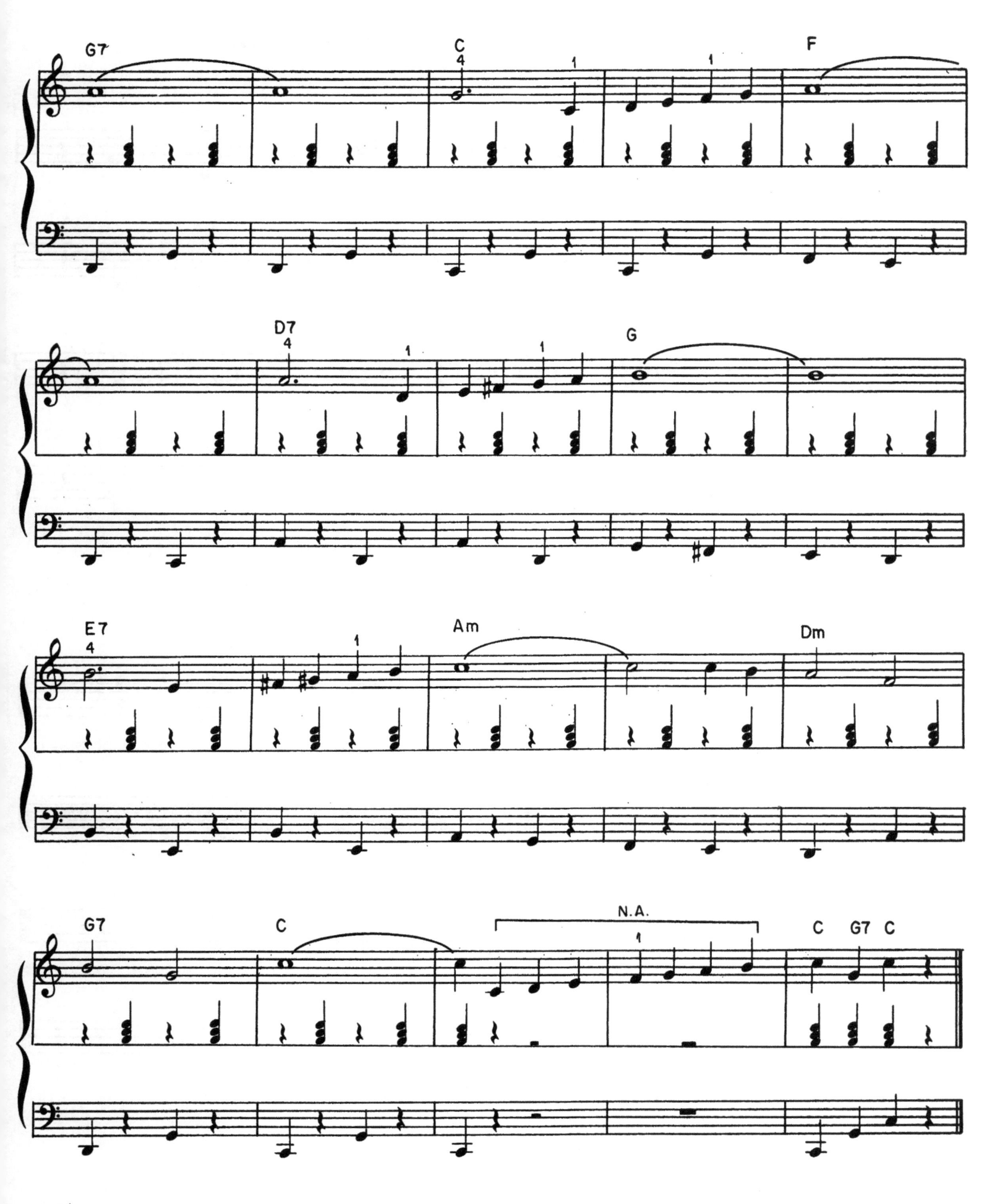

OBSERVAR: **Escalas Maiores**

Toque a seqüinte seqüência de baixos alternados

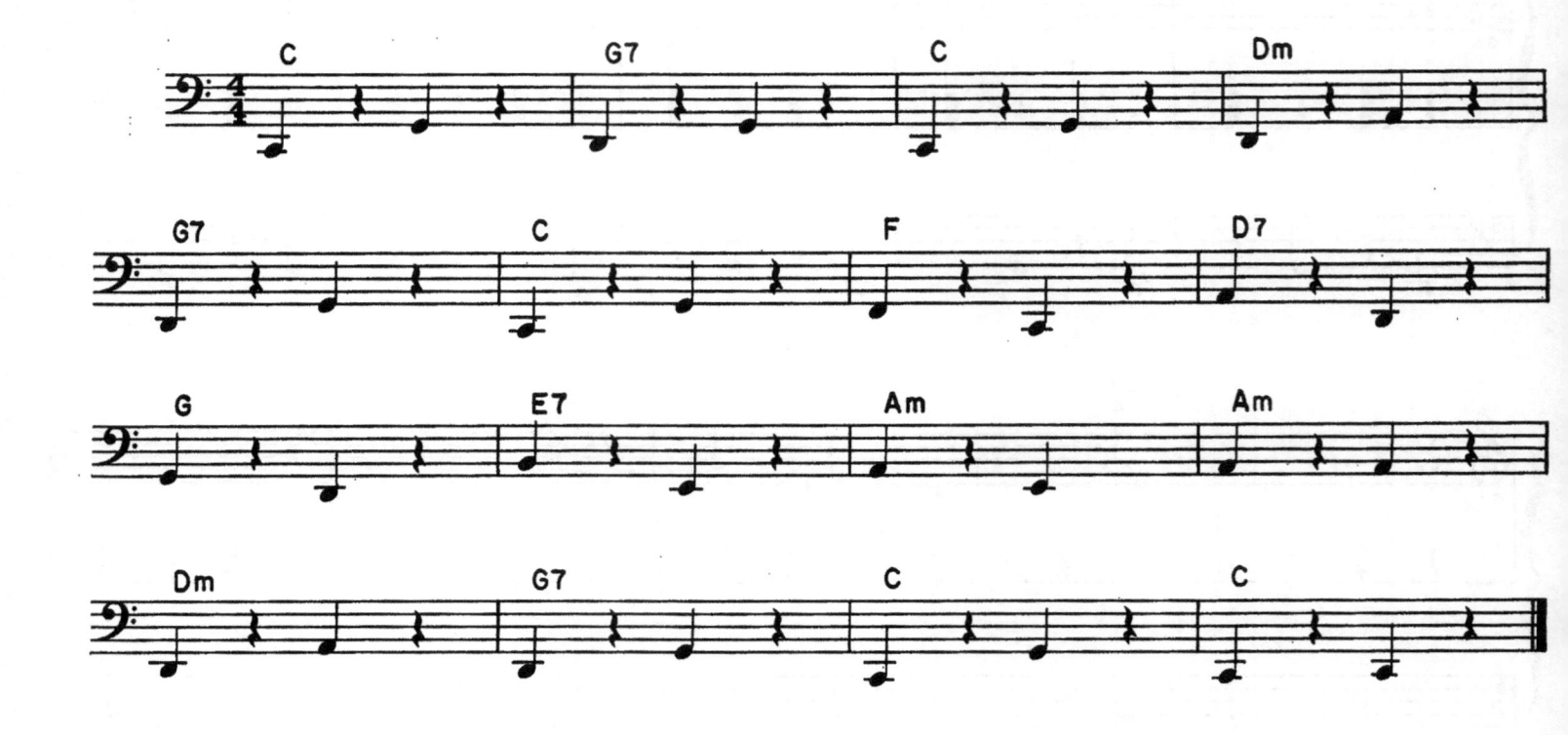

Toque as seguintes seqüências de baixo caminhante:

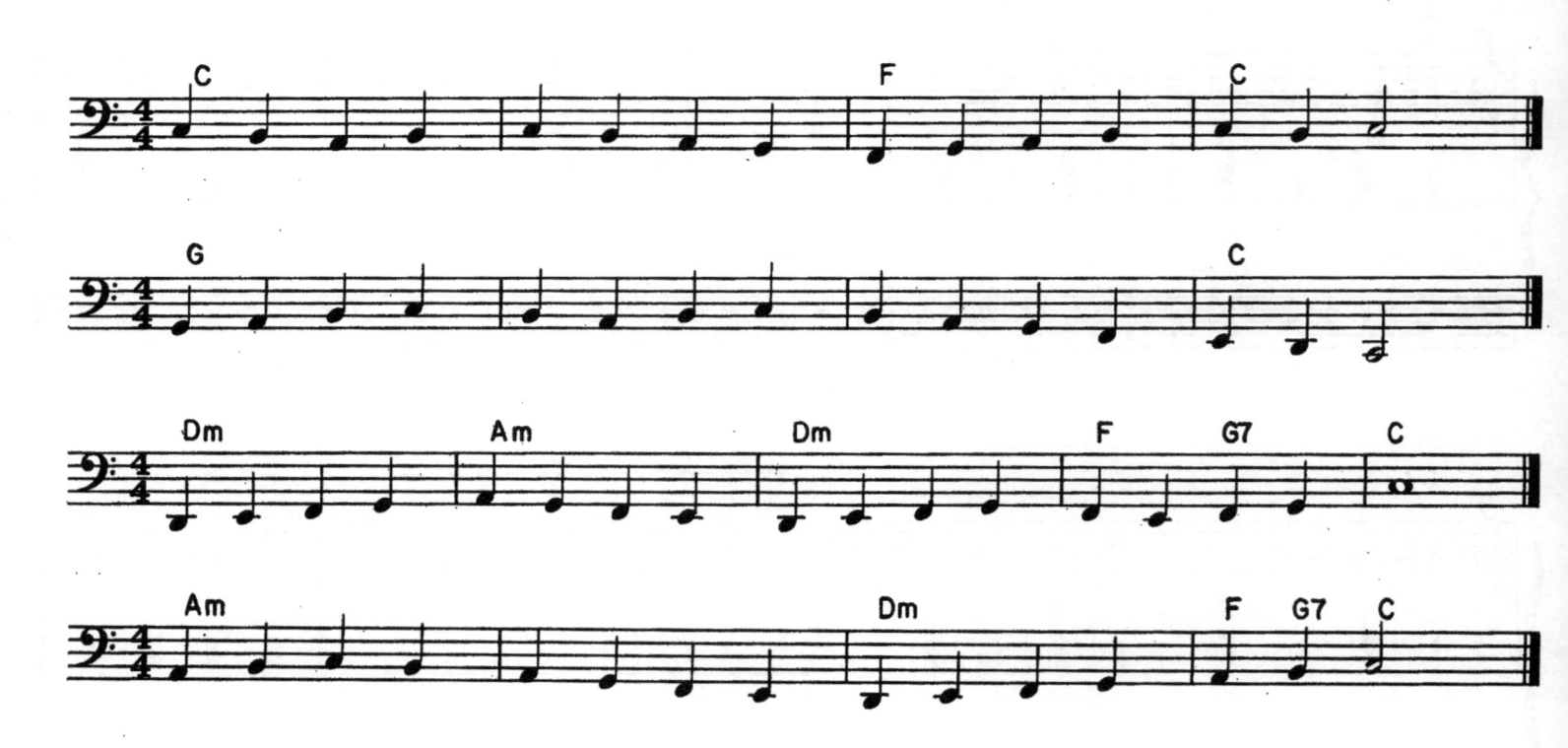

Toque a escala de Dó Maior com o dedilhado correto:

Exercícios aplicados à lição 3

1) Identifique as notas musicais:

2) Escreva o pedal alternado para a seguinte seqüência de acordes, observando as regras de passagem de um acorde para o outro:

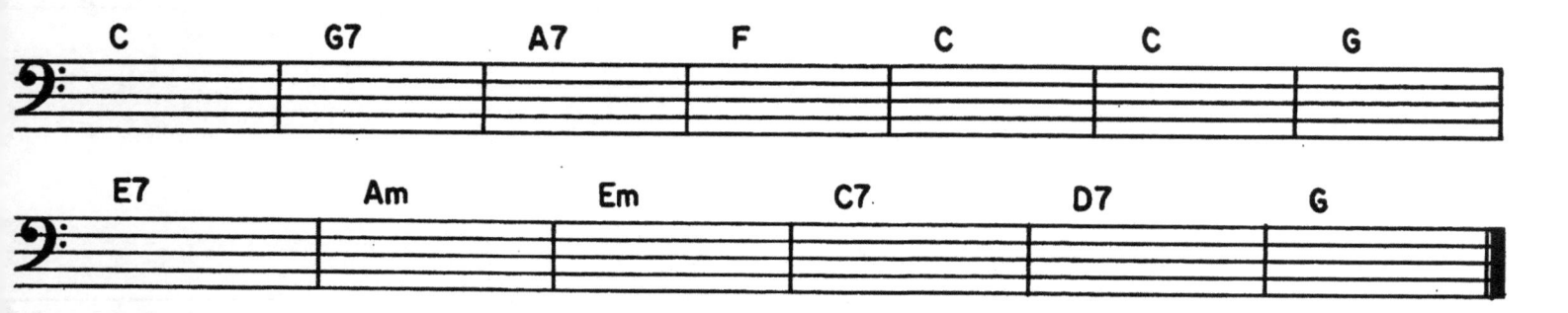

| C | G7 | A7 | F | C | C | G |

| E7 | Am | Em | C7 | D7 | G |

3) O que são escalas?

4) O que são escalas maiores?

5) Qual a diferença entre tom e semitom?

6) Dê dois exemplos de tons inteiros e dois exemplos de semitons.

7) Faça a escala de dó maior:

8) Quais são os semitons dessa escala?

9) O que é armadura de clave?

Lição 4

COLONEL BOGGEY

REGISTRAÇÃO
T.S.:......................
T.I.:........................
Ped.:....................
Ritmo:....................
Efeitos:.................

Kenneth J. Alford

©Copyright 1916 by BOOSEY e HAWKES LTD.
©Copyright Para o Brasil by FERMATA DO BRASIL LTDA.

OBSERVAR: Variações no baixo

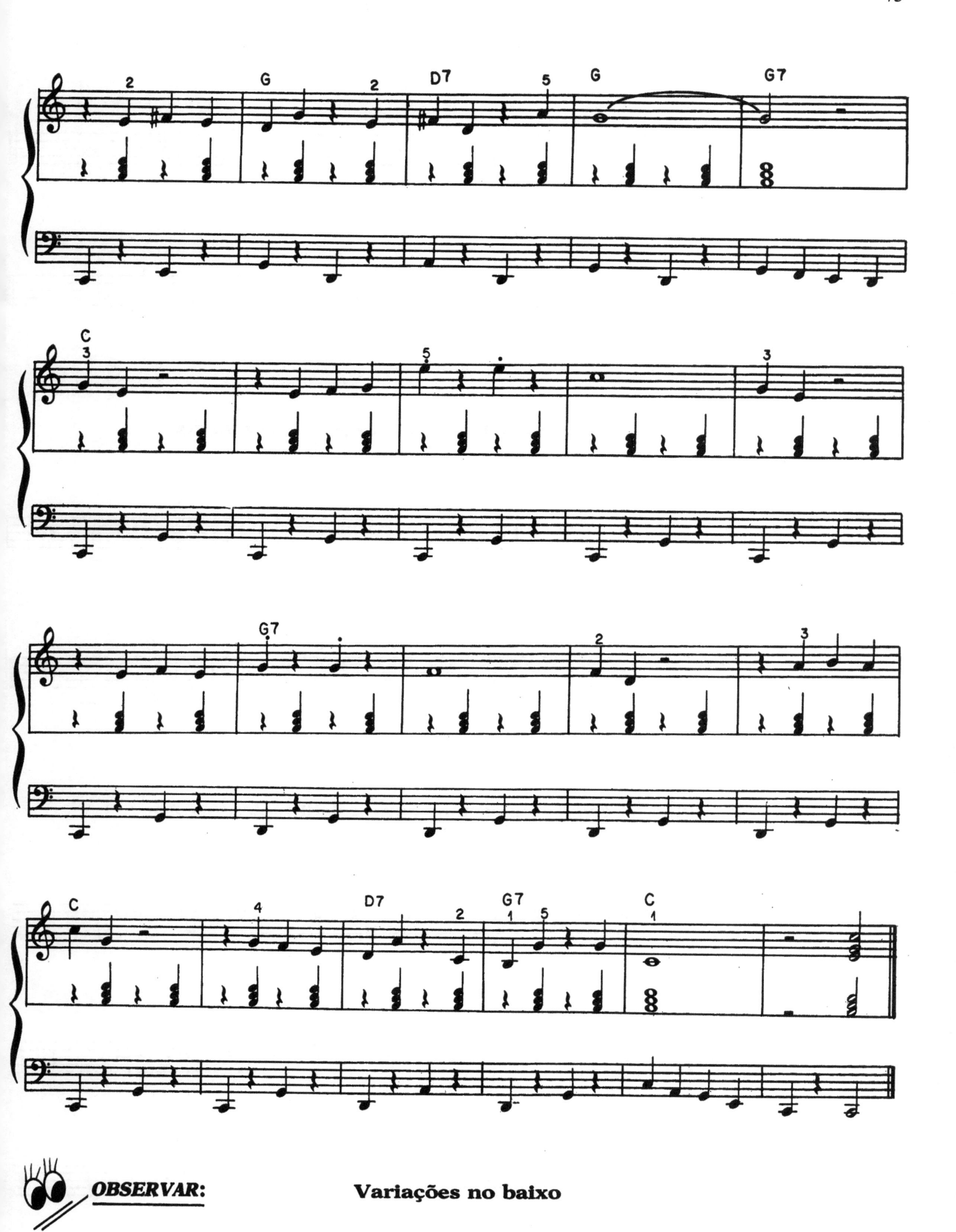

Toque os seguintes exercícios de pedal:

Toque os seguintes acordes com pedal alternado:

Pratique as seguintes escalas com o dedilhado correto:

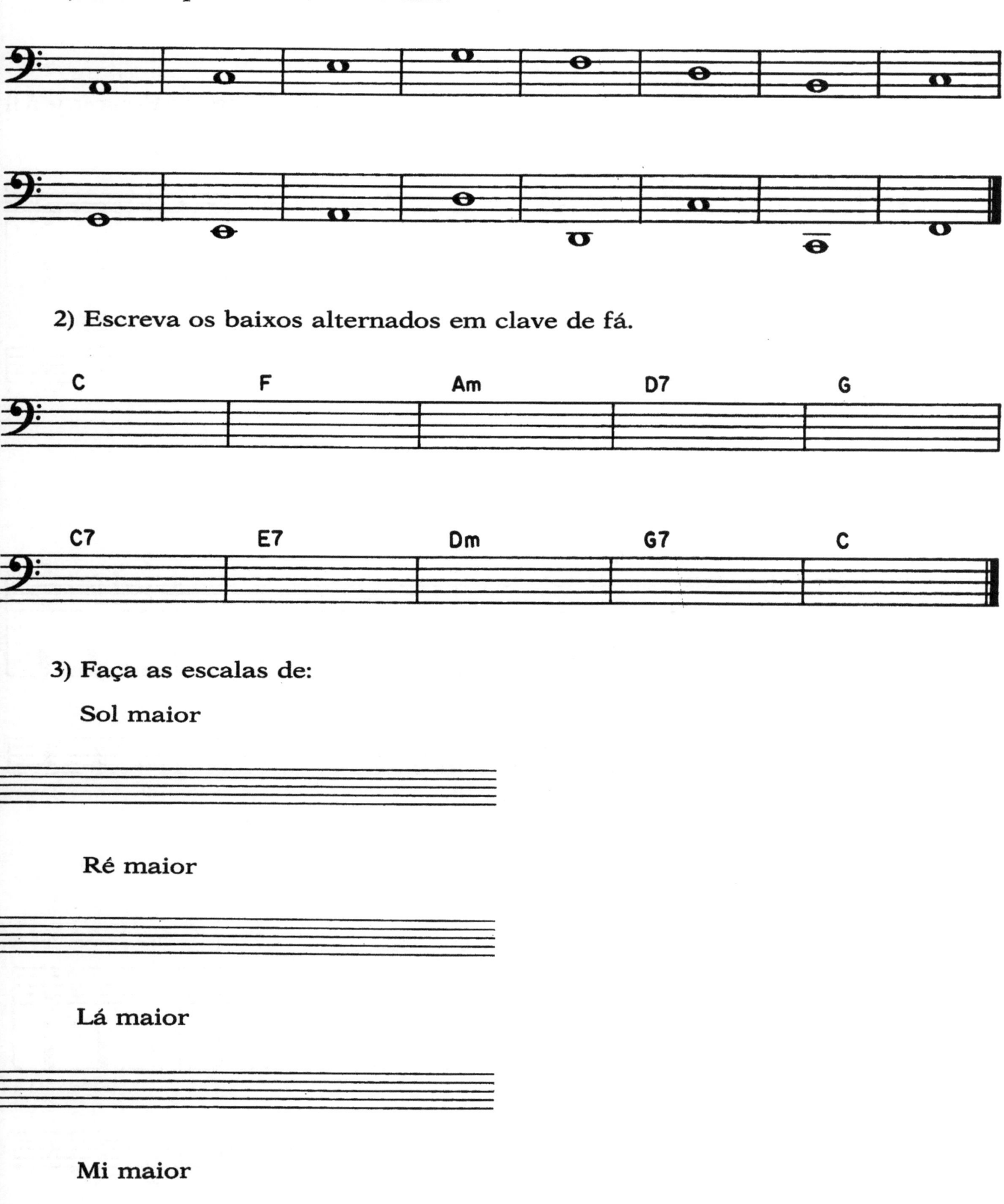

Exercícios aplicados à lição 4

1) Identifique as notas musicais:

2) Escreva os baixos alternados em clave de fá.

| C | F | Am | D7 | G |

| C7 | E7 | Dm | G7 | C |

3) Faça as escalas de:

Sol maior

Ré maior

Lá maior

Mi maior

Lição 5

EDELWEISS

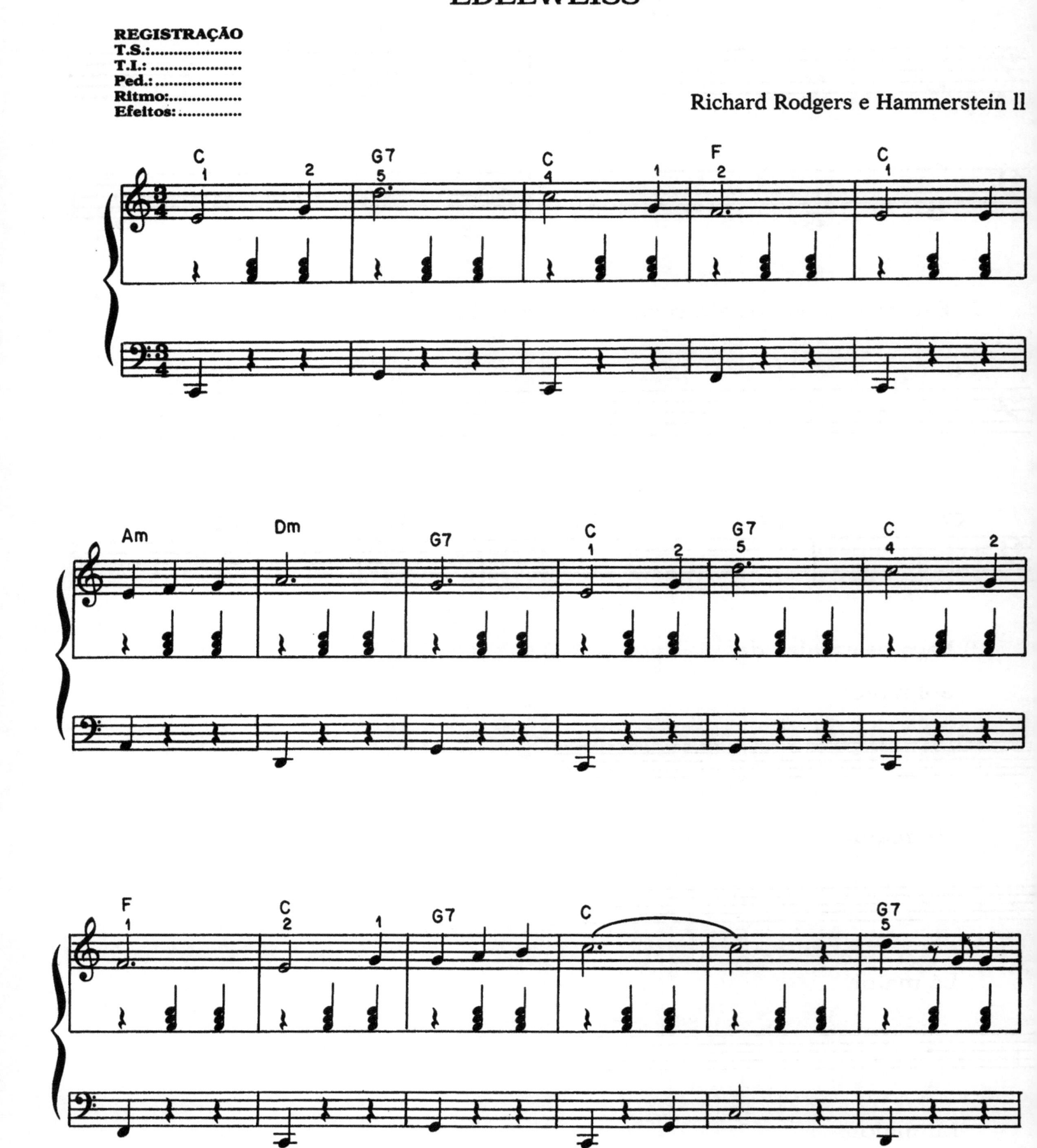

REGISTRAÇÃO
T.S.:....................
T.I.:....................
Ped.:....................
Ritmo:..................
Efeitos:................

Richard Rodgers e Hammerstein II

©Copyright 1959 by WILLIAMSON MUSIC CO. § EMI MUSIC PUBLISHING LTD.
©Copyright Para o Brasil by EMI ODEON F.I.E. LTDA. (Divisão Itaipu)

OBSERVAR:

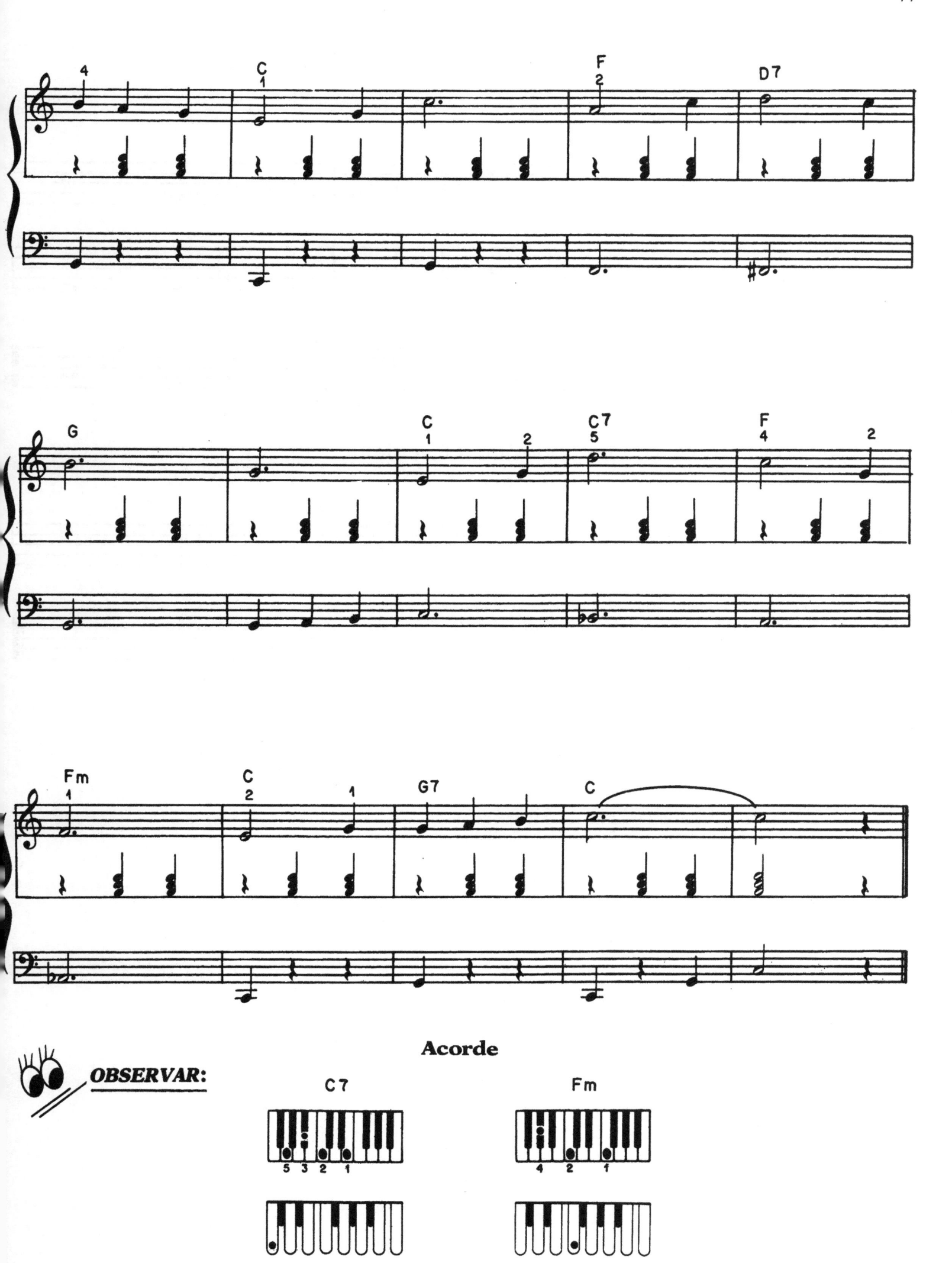

Acorde

Exercícios aplicados à lição 5

1) Identifique as notas musicais:

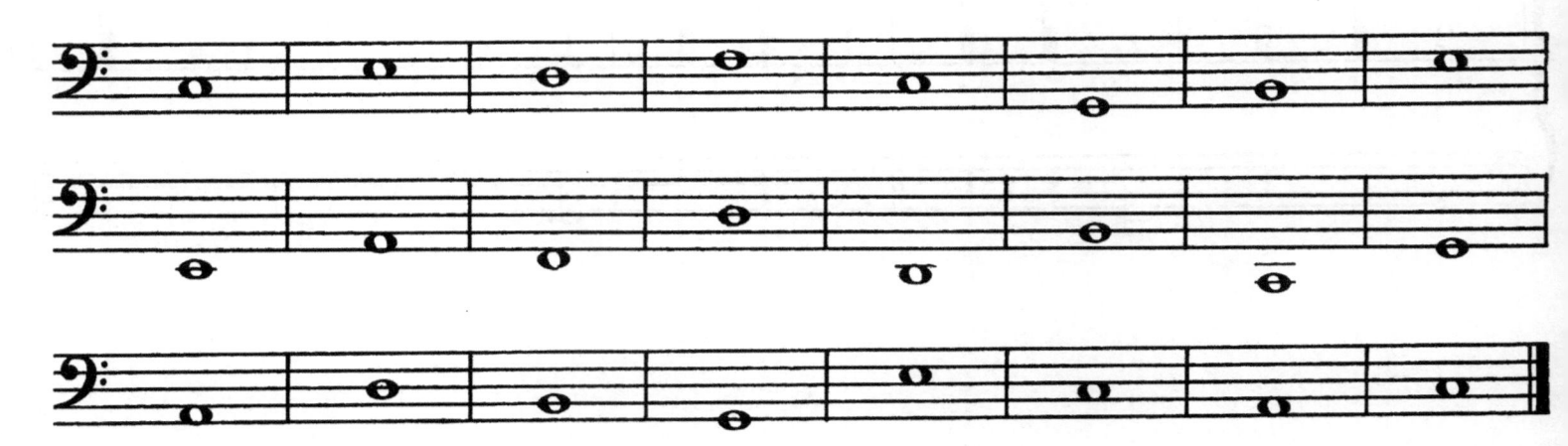

2) Escreva os baixos alternados em clave de fá:

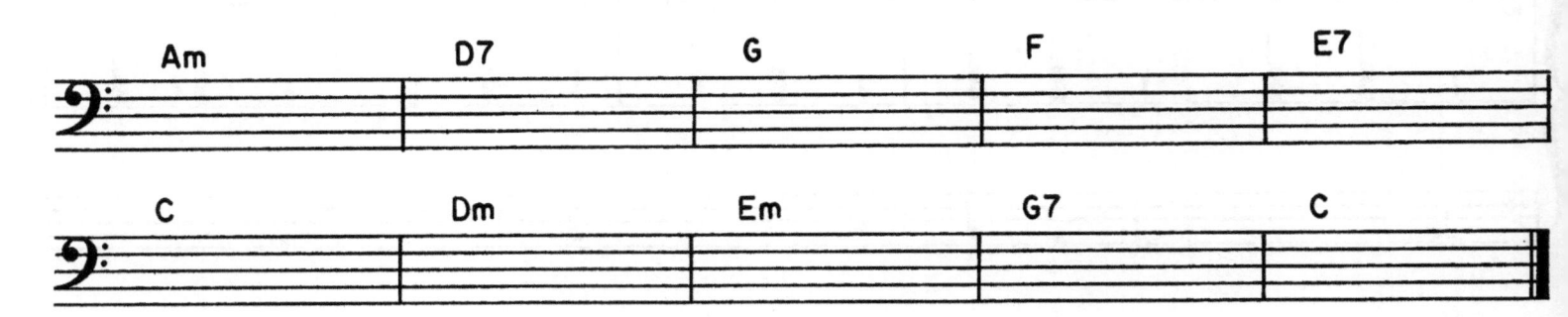

Am   D7   G   F   E7

C   Dm   Em   G7   C

3) Faça as escalas de:

Si maior

Fá# maior

Dó# maior

4) Qual é a ordem dos sustenidos?

Lição 6

CIDADE MARAVILHOSA

REGISTRAÇÃO
T.S.: ....
T.I.: ....
Ped.: ....
Ritmo: ....
Efeitos: ....

André Filho

©Copyright 1936 by MANGIONE, FILHOS & CIA. LTDA.

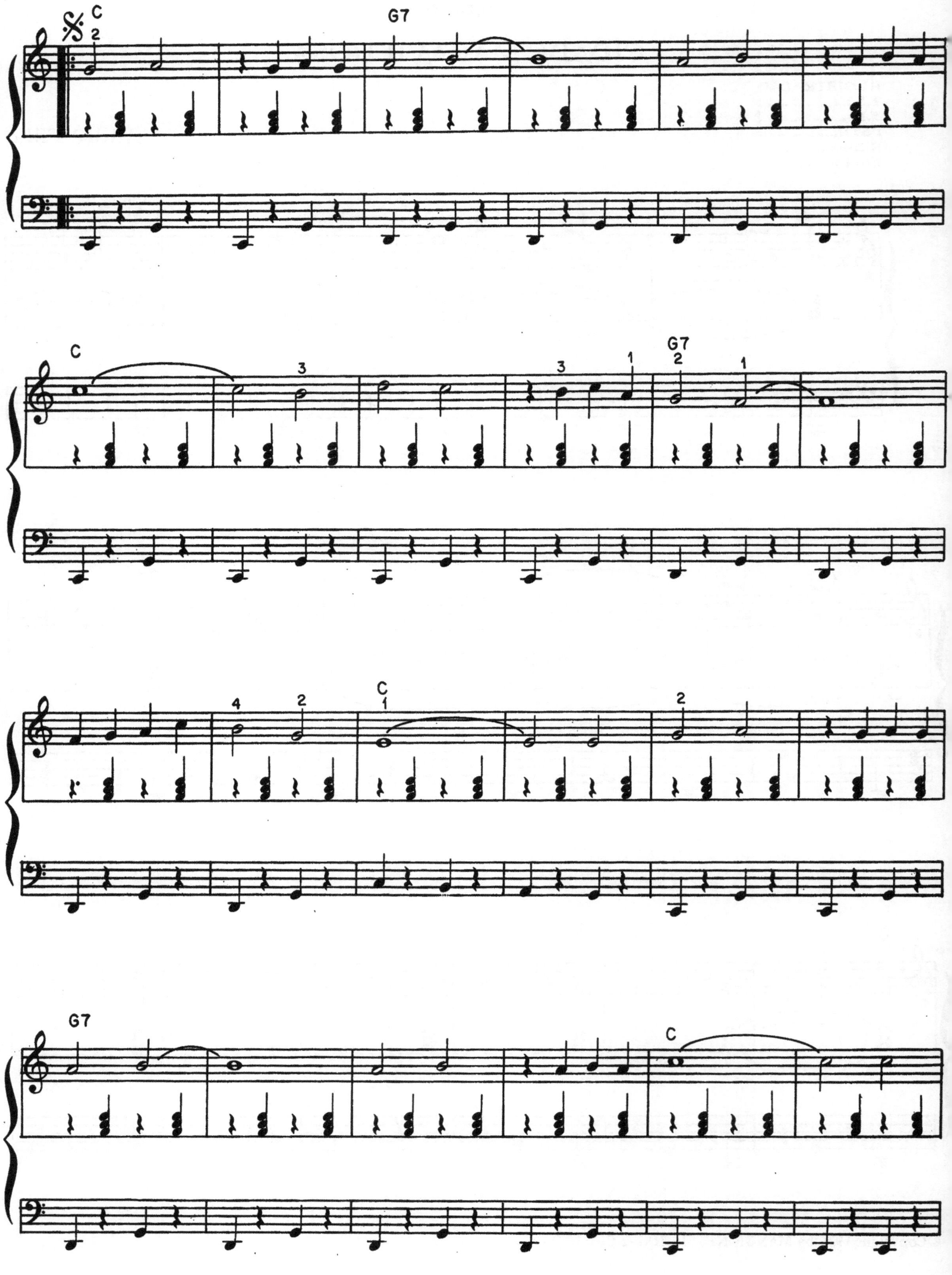
C
2
G7
C
3
3
1
G7
2
1
4
2
C
1
2
G7
C

OBSERVAR:

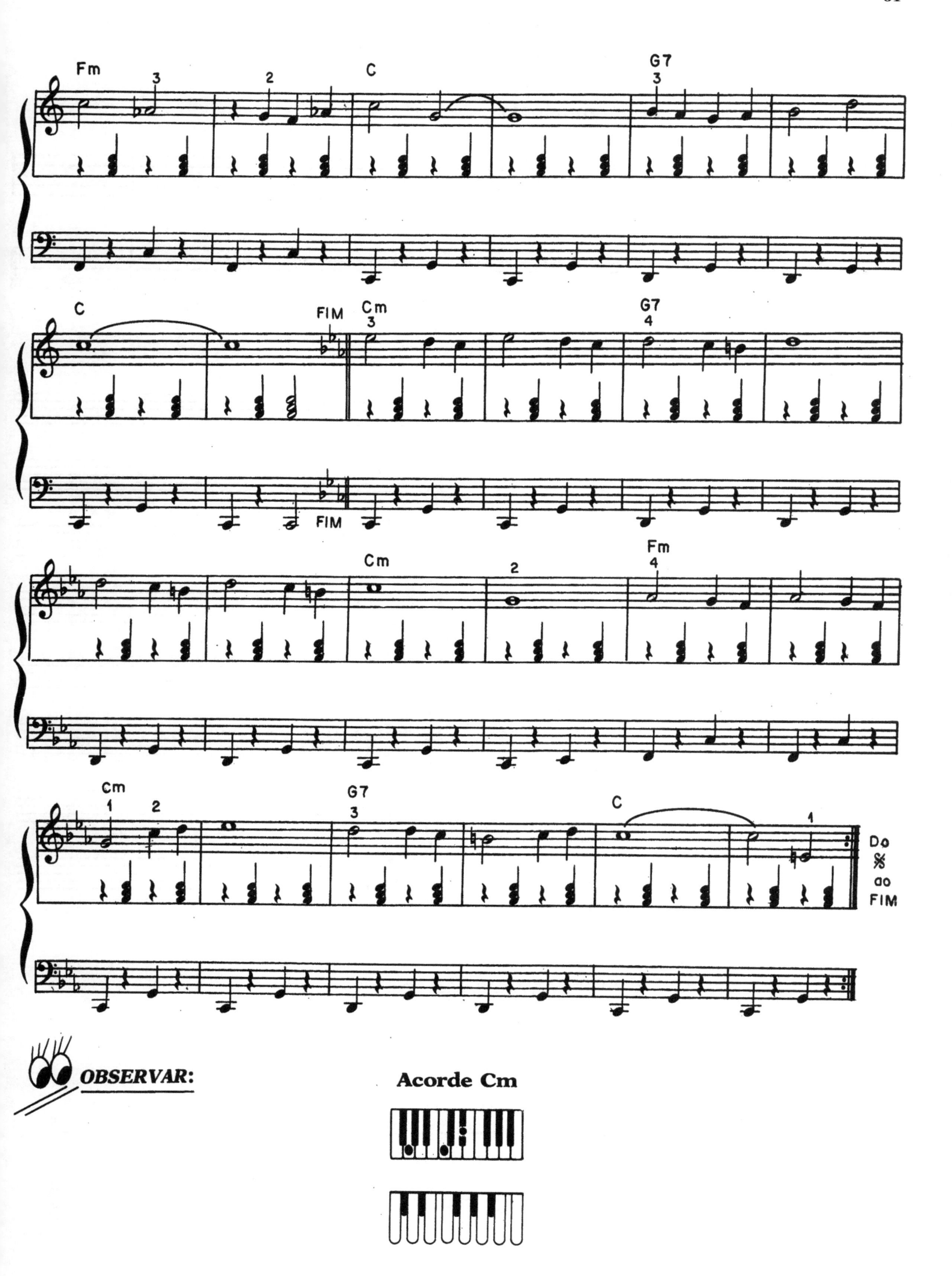

Acorde Cm

Exercícios aplicados à lição 6

1) Identifique as notas musicais:

2) Faça a ligação:

Mi maior

Dó# maior

Sol maior

Si maior

Ré maior

Dó maior

Lá maior

Fá# maior

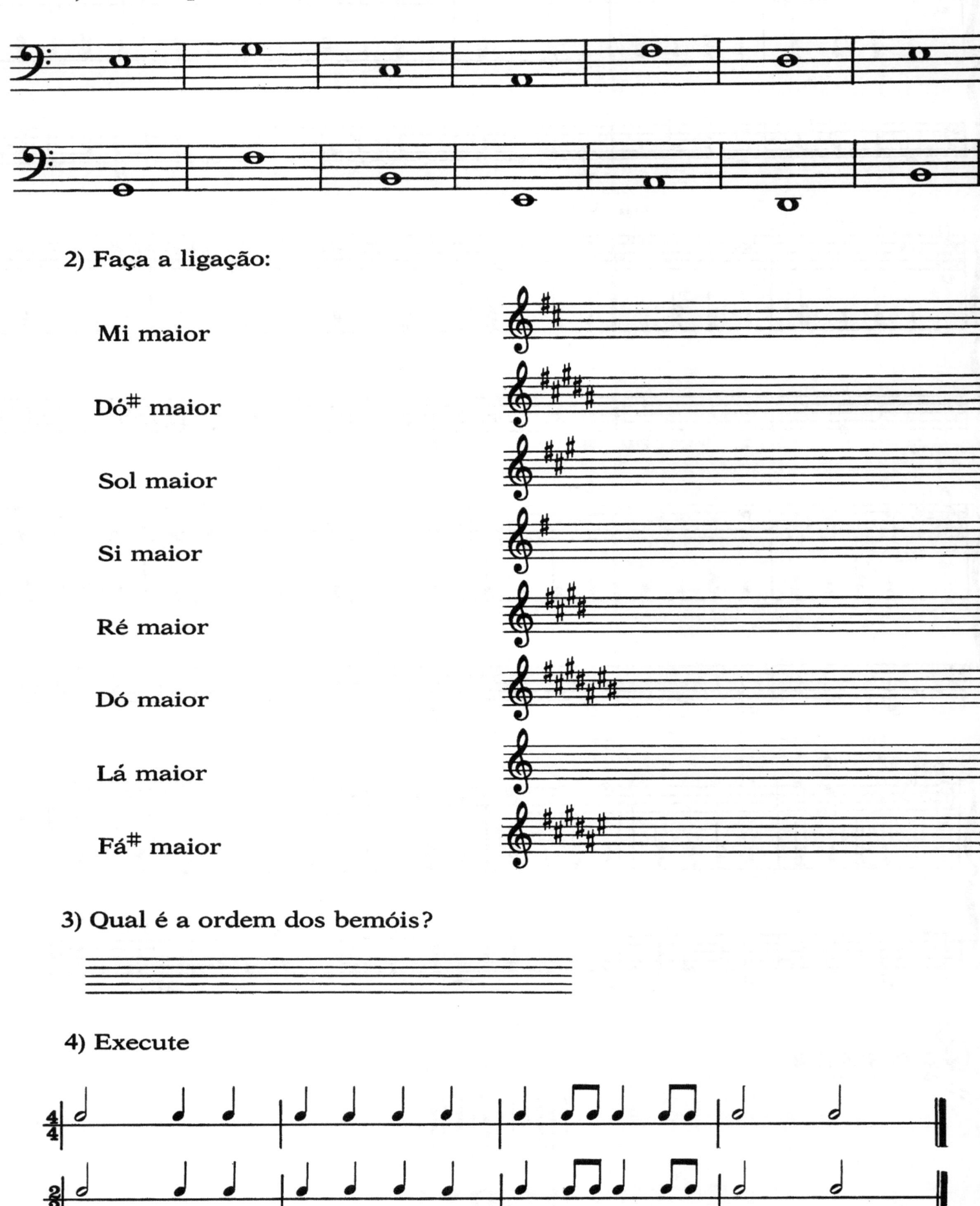

3) Qual é a ordem dos bemóis?

4) Execute

Lição 7

AQUARELA BRASILEIRA

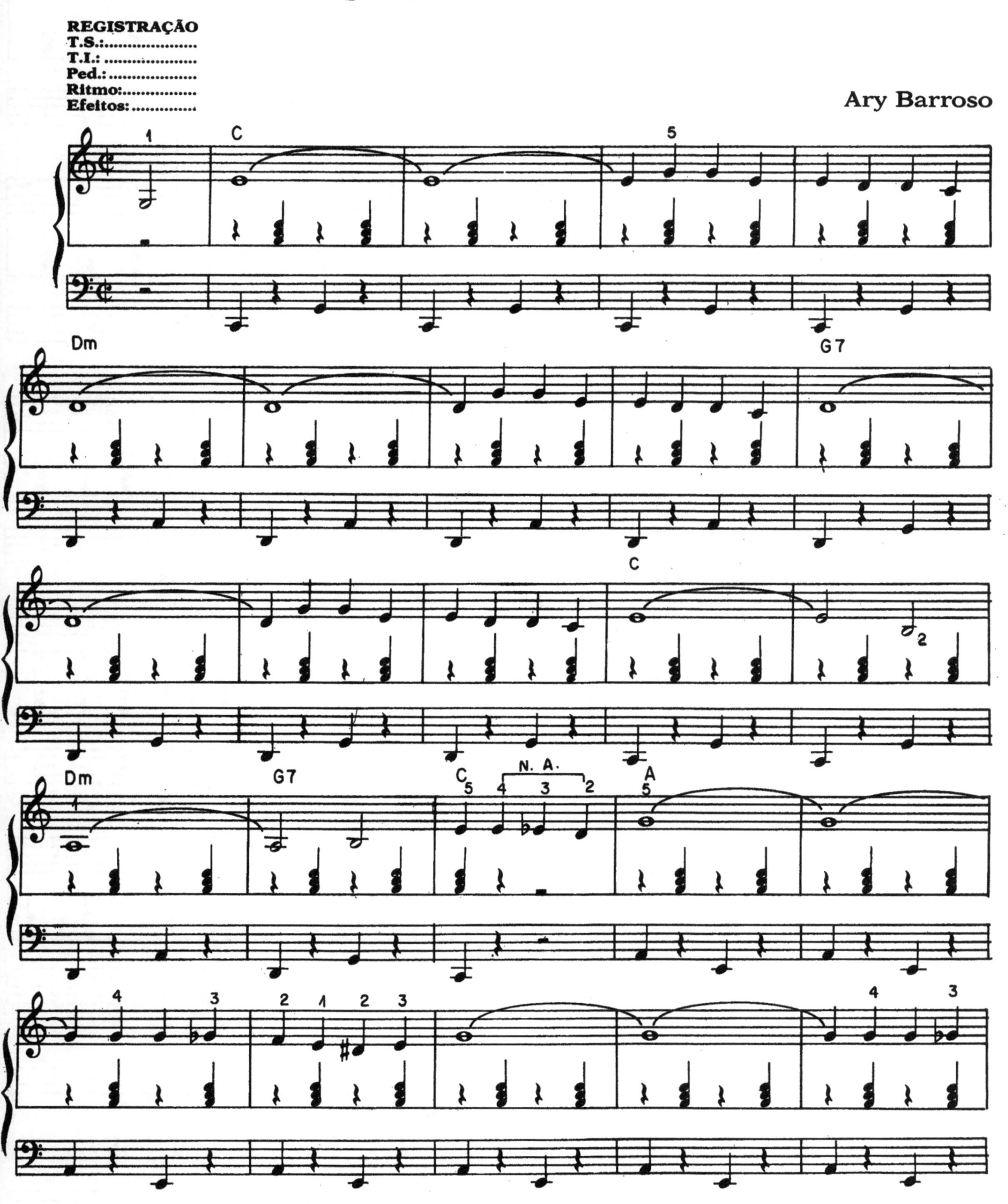

REGISTRAÇÃO
T.S.: ....
T.I.: ....
Ped.: ....
Ritmo: ....
Efeitos: ....

Ary Barroso

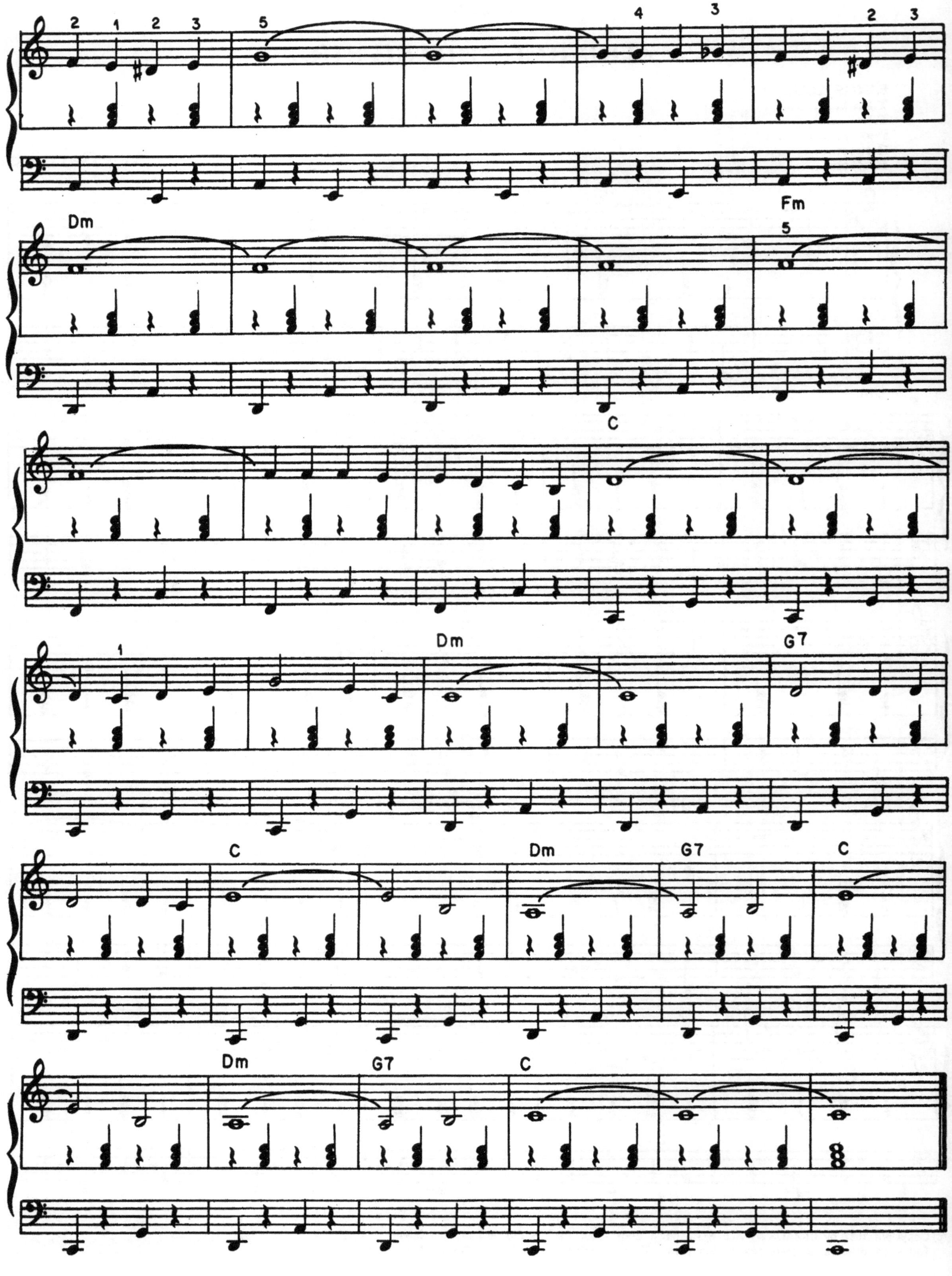
Dm
Fm
C
Dm
G7
C
Dm
G7
C
Dm
G7
C

Exercícios aplicados à lição 7

1) Identifique as notas musicais:

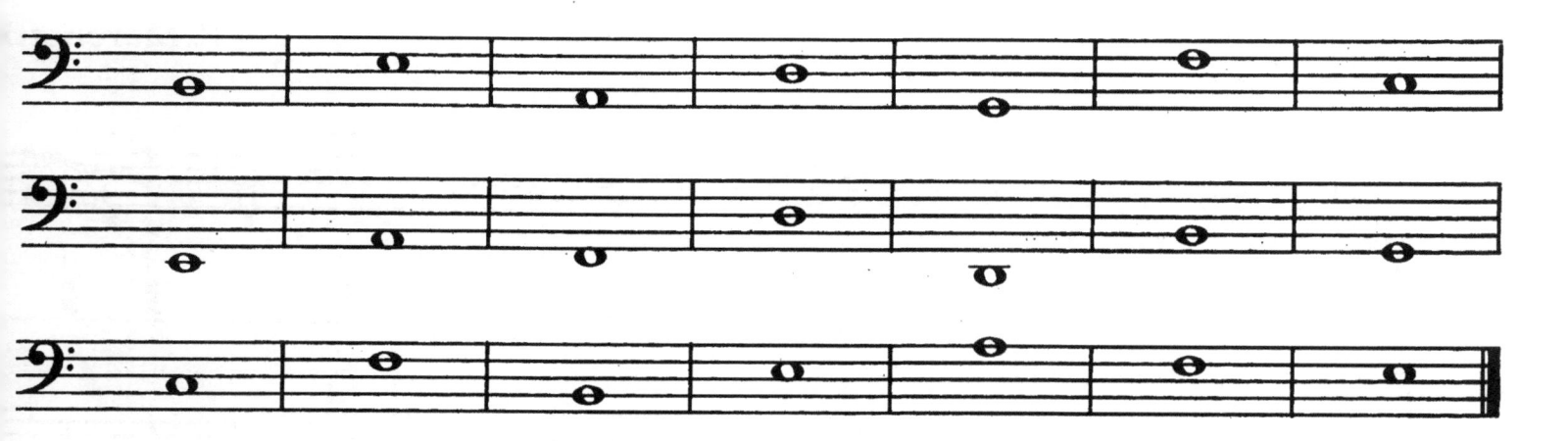

2) O que é tonalidade?

3) O que é modulação?

4) O que são escalas menores?

5) Qual a principal característica das escalas menores?

6) O que significa ¢ ?

7) O que significa: D.C.   D.S.   𝄋   to 𝄉   𝄉

8) O que é unidade de tempo?

9) Qual é a unidade de tempo dos compassos abaixo?

$\frac{4}{4} =$ $\frac{3}{4} =$ $\frac{2}{2} =$ $\frac{4}{2} =$ $\frac{3}{8} =$ $\frac{4}{16} =$

10) Identifique as notas musicais:

Lição 8

FASCINAÇÃO

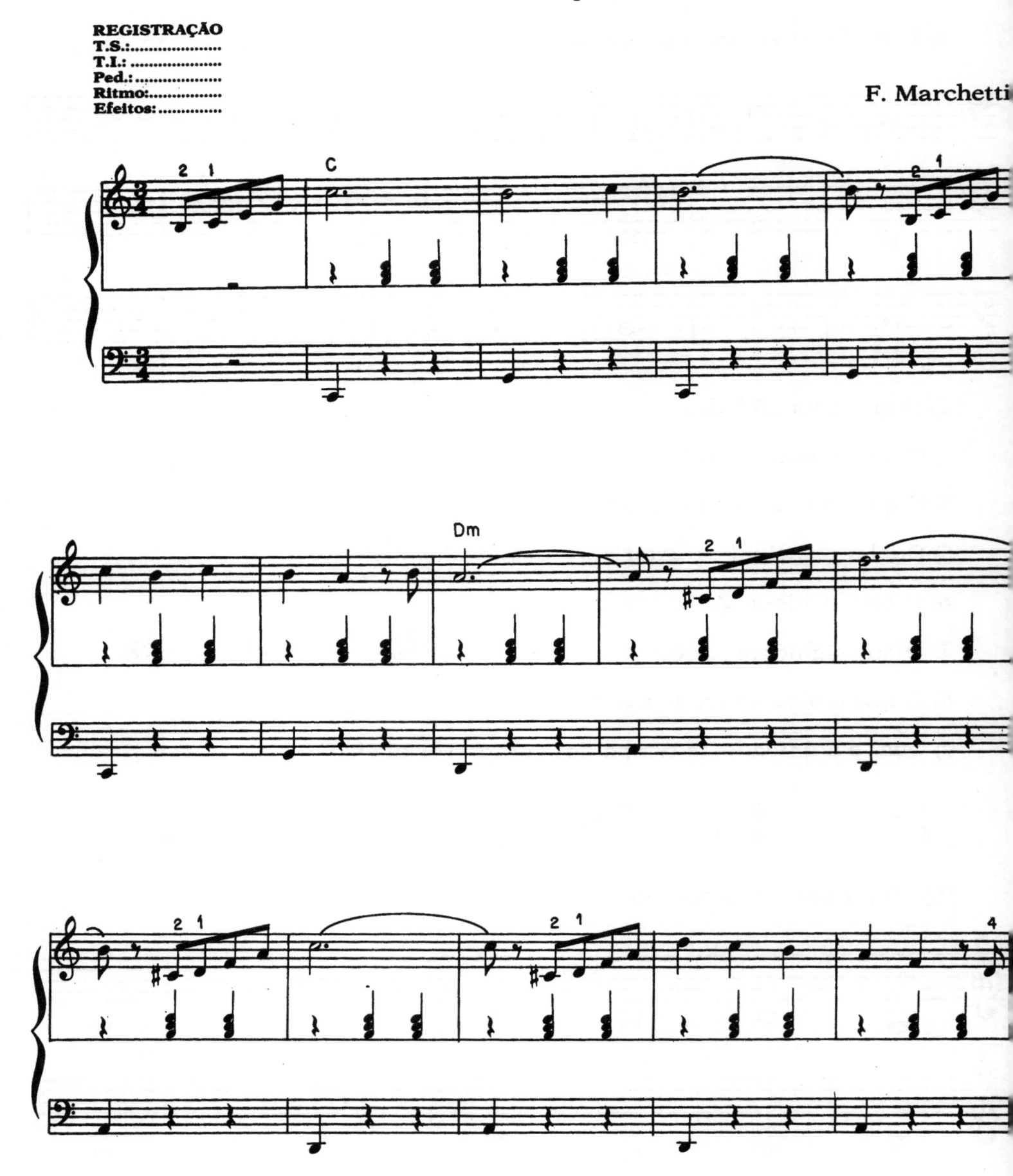

REGISTRAÇÃO
T.S.: ....
T.I.: ....
Ped.: ....
Ritmo: ....
Efeitos: ....

F. Marchetti

© Copyright 1944/1948 to SOUTHERN MUS. PUBL. CO. Ltd. - London
Para o Brasil - IRMÃOS VITALE S/A Ind. e Com. - São Paulo

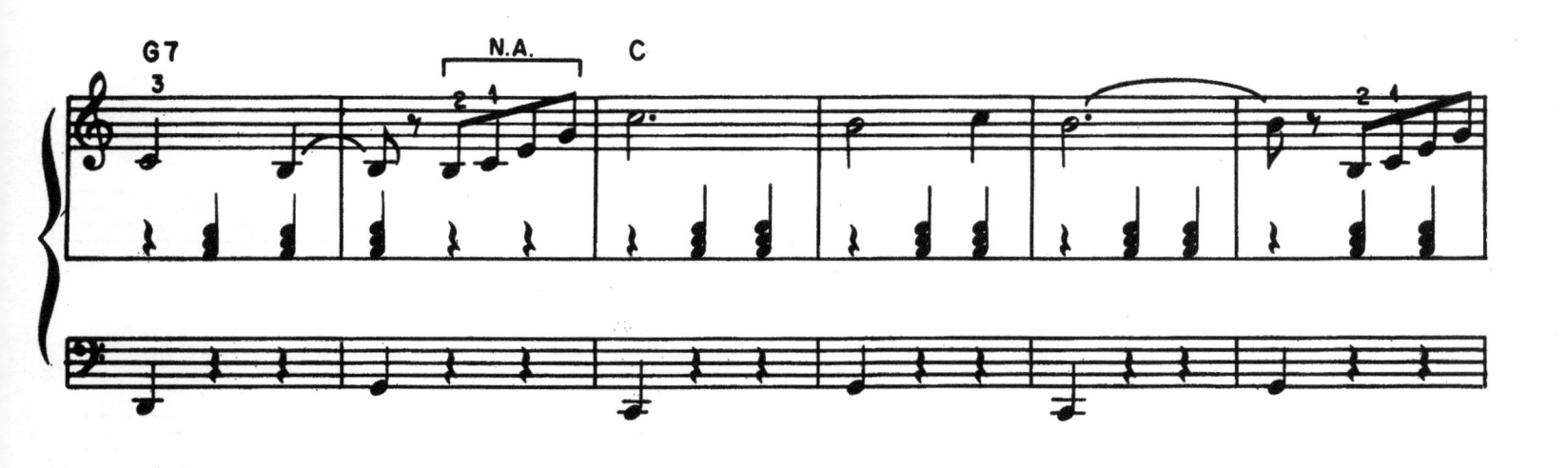

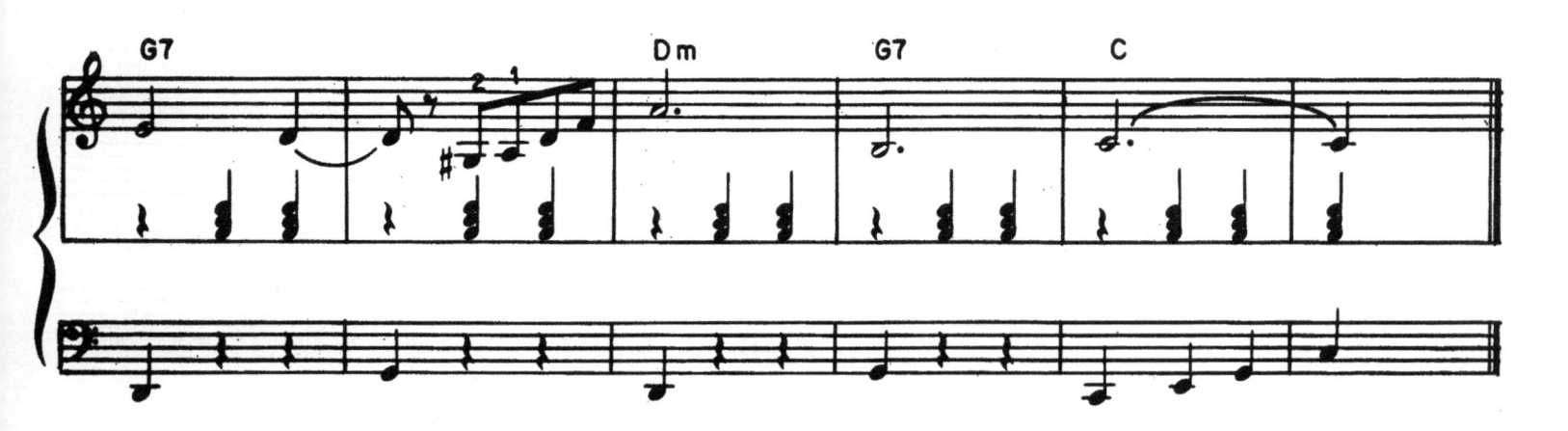

Acorde referente à pág. 83

OBSERVAR:

Acorde A

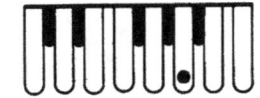

Exercícios aplicados à lição 8

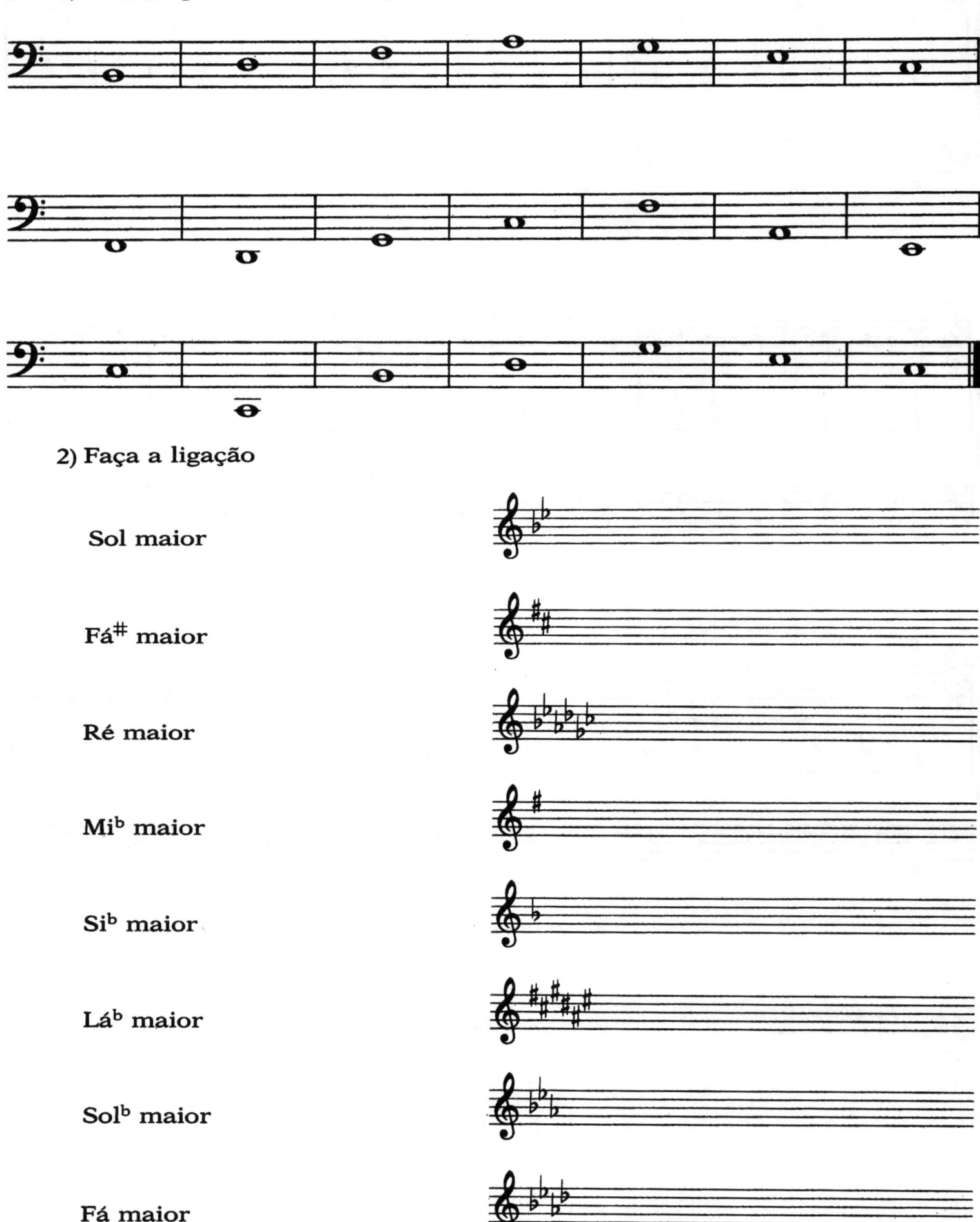

1) Identifique as notas musicais:

2) Faça a ligação

Sol maior

Fá# maior

Ré maior

Mib maior

Sib maior

Láb maior

Solb maior

Fá maior

3) Construa as seguintes escalas:

Dó maior

Fá maior

Si♭ maior

Mi♭ maior

Lá♭ maior

Ré♭ maior

Sol♭ maior

Dó♭ maior

4) Coloque as barras de divisão de compasso:

Lição 9

OVER THE RAINBOW

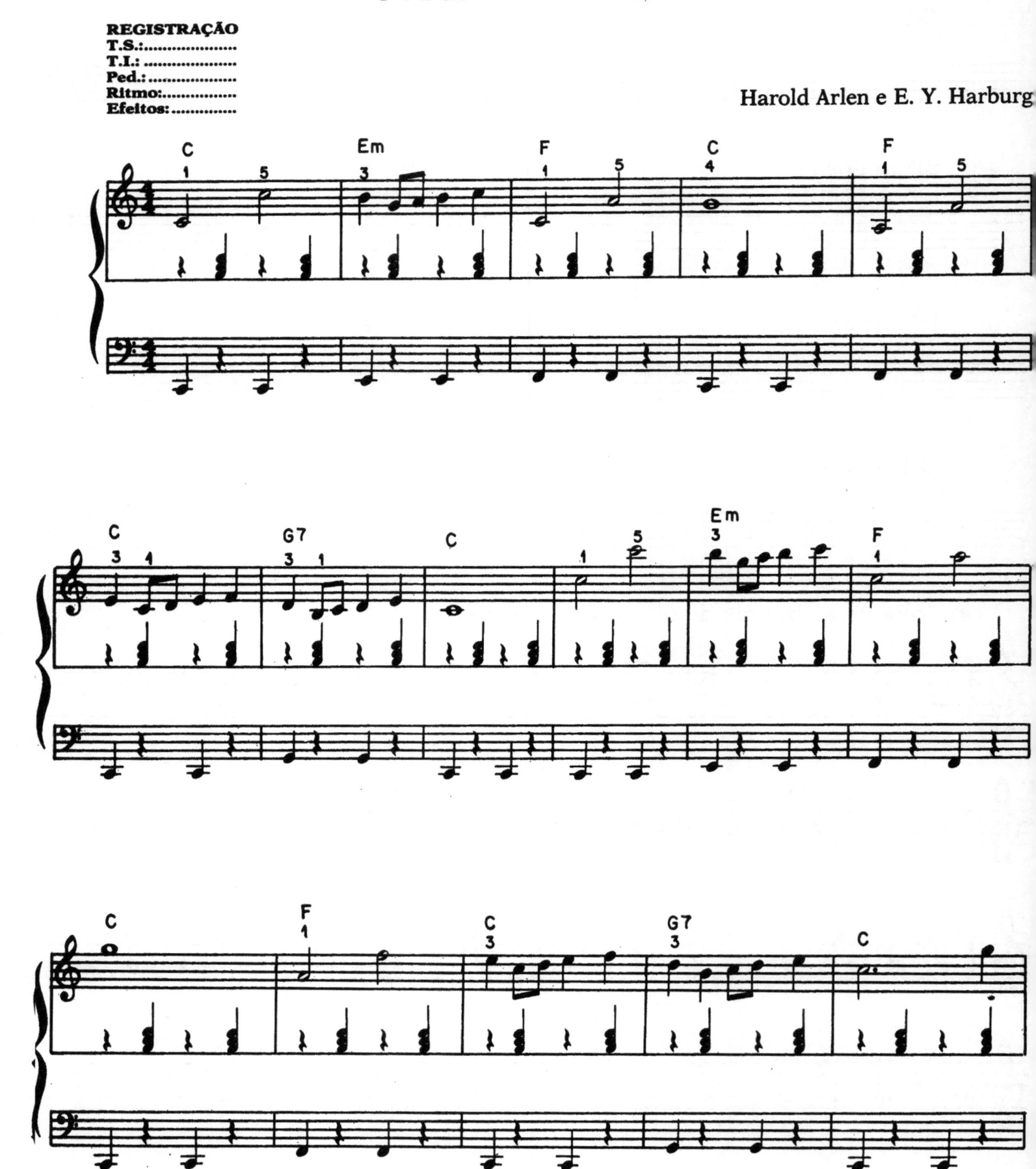

REGISTRAÇÃO
T.S.:......................
T.I.:......................
Ped.:......................
Ritmo:..................
Efeitos:.................

Harold Arlen e E. Y. Harburg

©Copyright 1938/1966 by EMI ROBBINS MUSIC/EMI CATALOGUE PARTNERSHIP
©Copyright Para o Brasil by EMI SONGS DO BRASIL ED. MUSICAIS INC LTDA.

OBSERVAR:

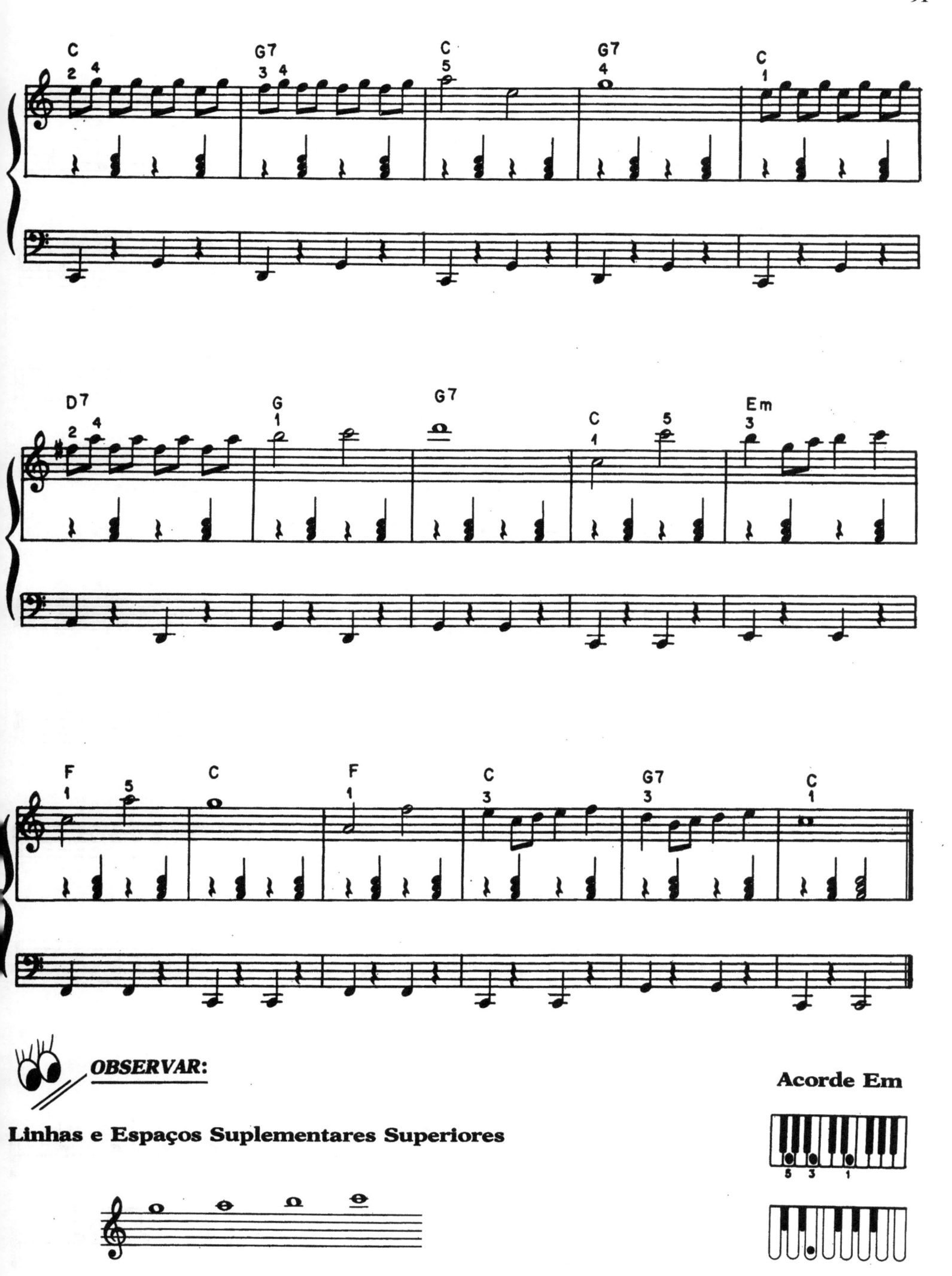

Linhas e Espaços Suplementares Superiores

Acorde Em

Toque a seguinte seqüência de baixos alternados

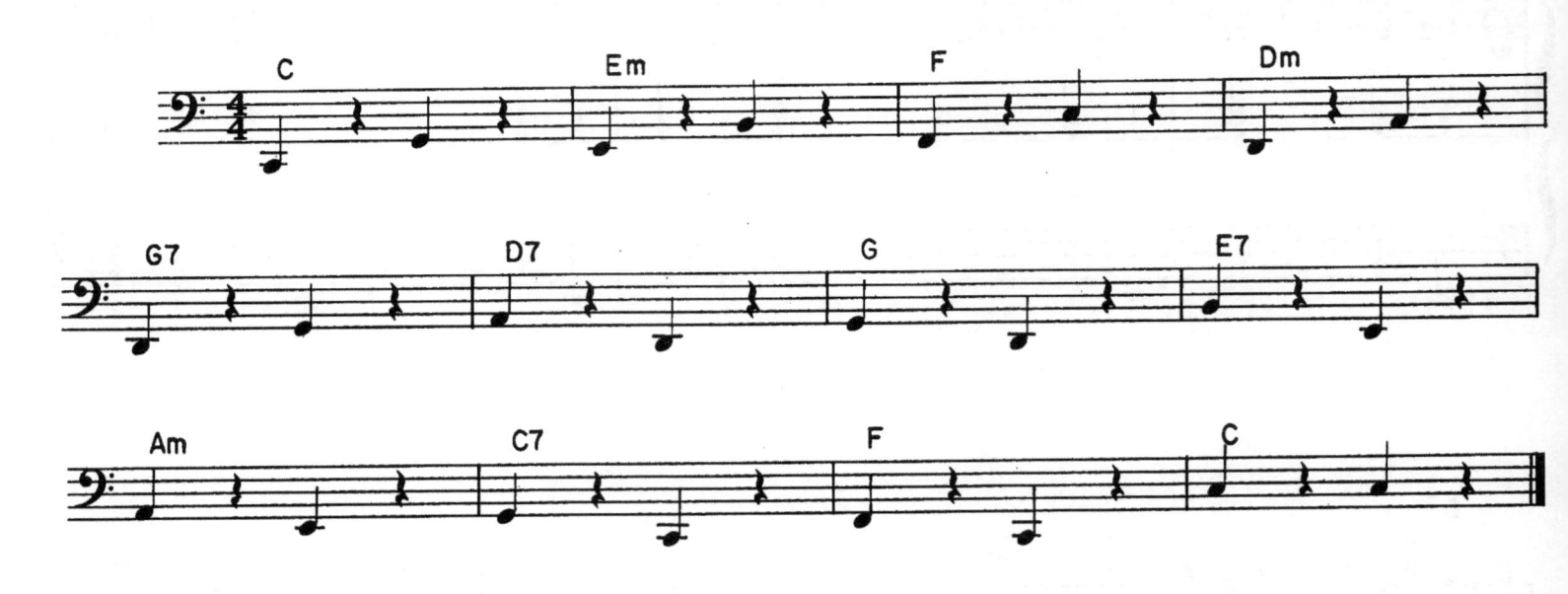

Pratique as seguintes melodias com notas em linhas e espaços suplementares superiores e inferiores:

Execute as seguintes seqüências rítmicas

Exercícios aplicados à lição 9

1) Identifique as notas musicais:

2) Coloque as barras de divisão de compasso:

Lição 10

LOVE STORY

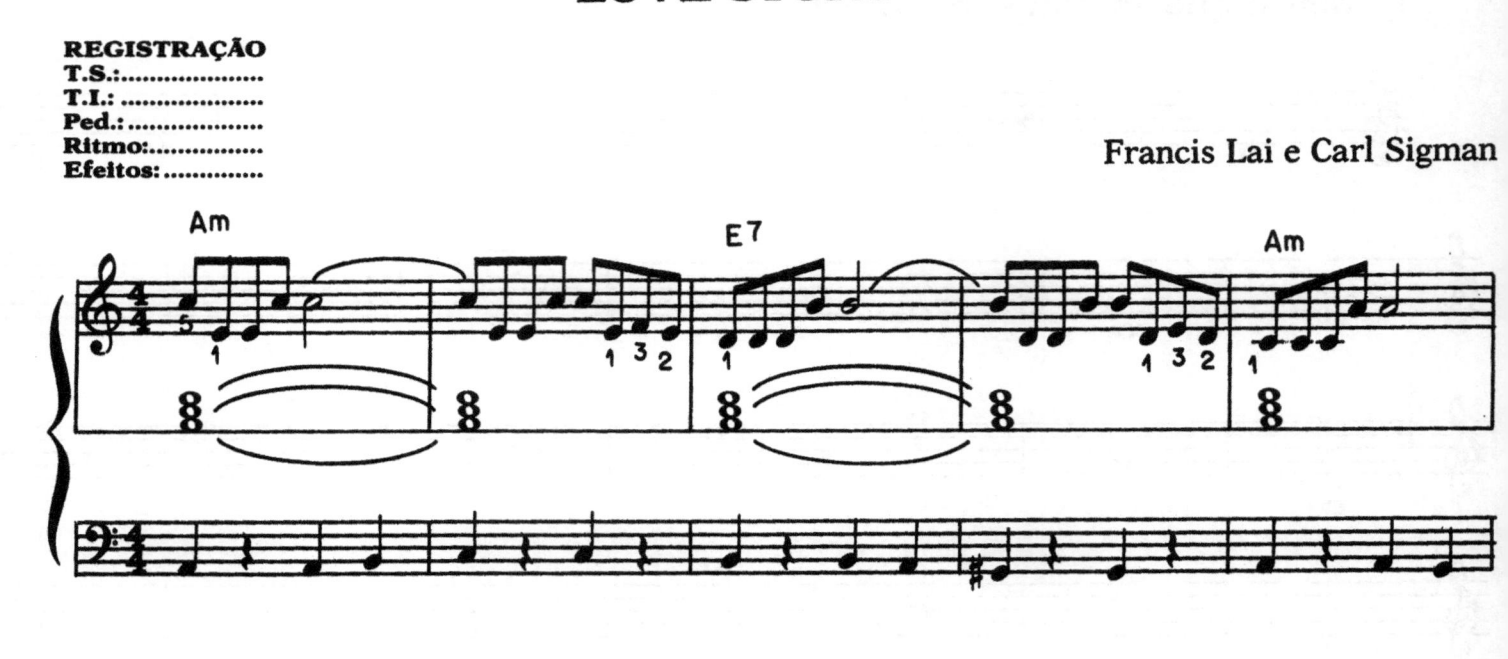

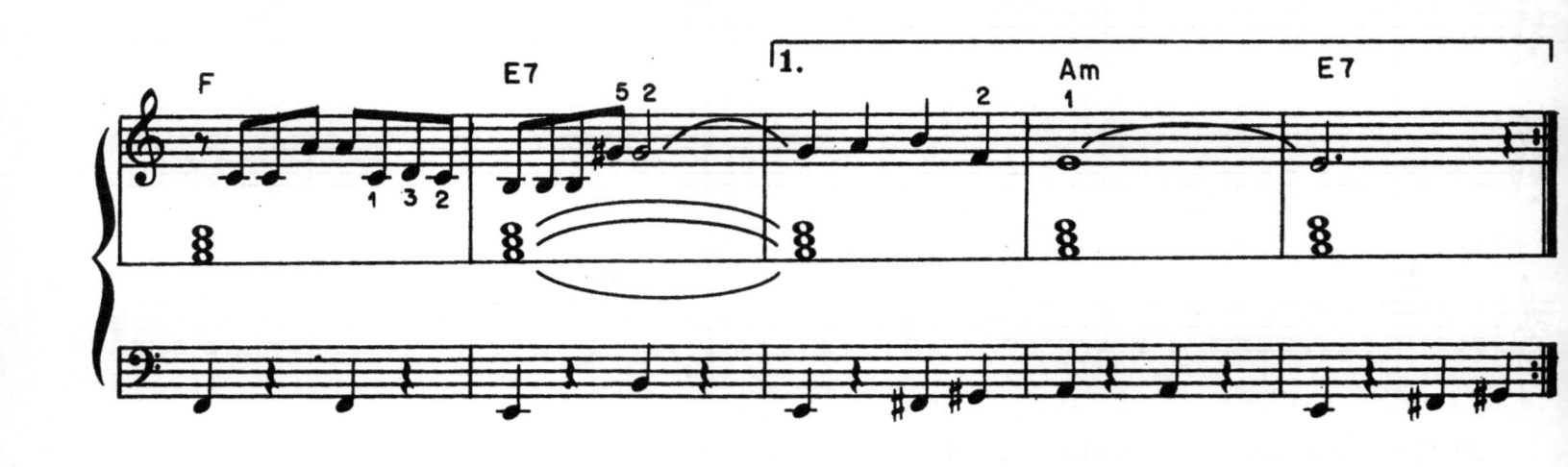

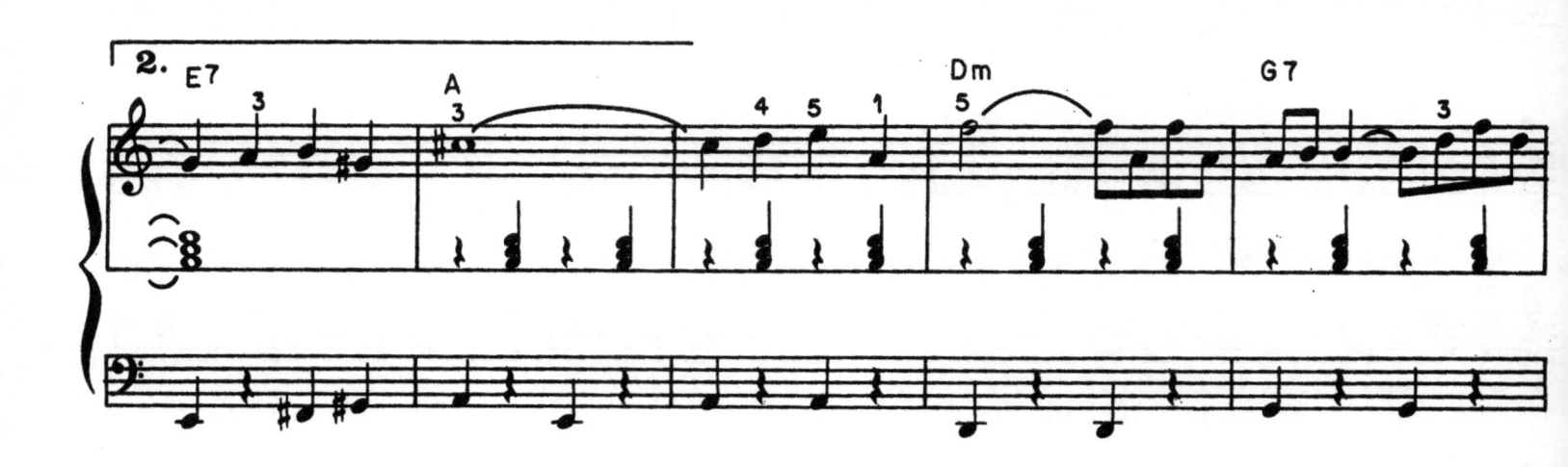

REGISTRAÇÃO
T.S.:....................
T.I.:....................
Ped.:....................
Ritmo:..................
Efeitos:.................

Francis Lai e Carl Sigman

©Copyright 1970 by FAMOUS MUSIC CORP.
©Copyright Para o Brasil by WARNER CHAPPELL EDIÇÕES MUSICAIS LTDA.

OBSERVAR:

Acorde B7

Exercícios aplicados à lição 10

1) Escreva os baixos alternados:

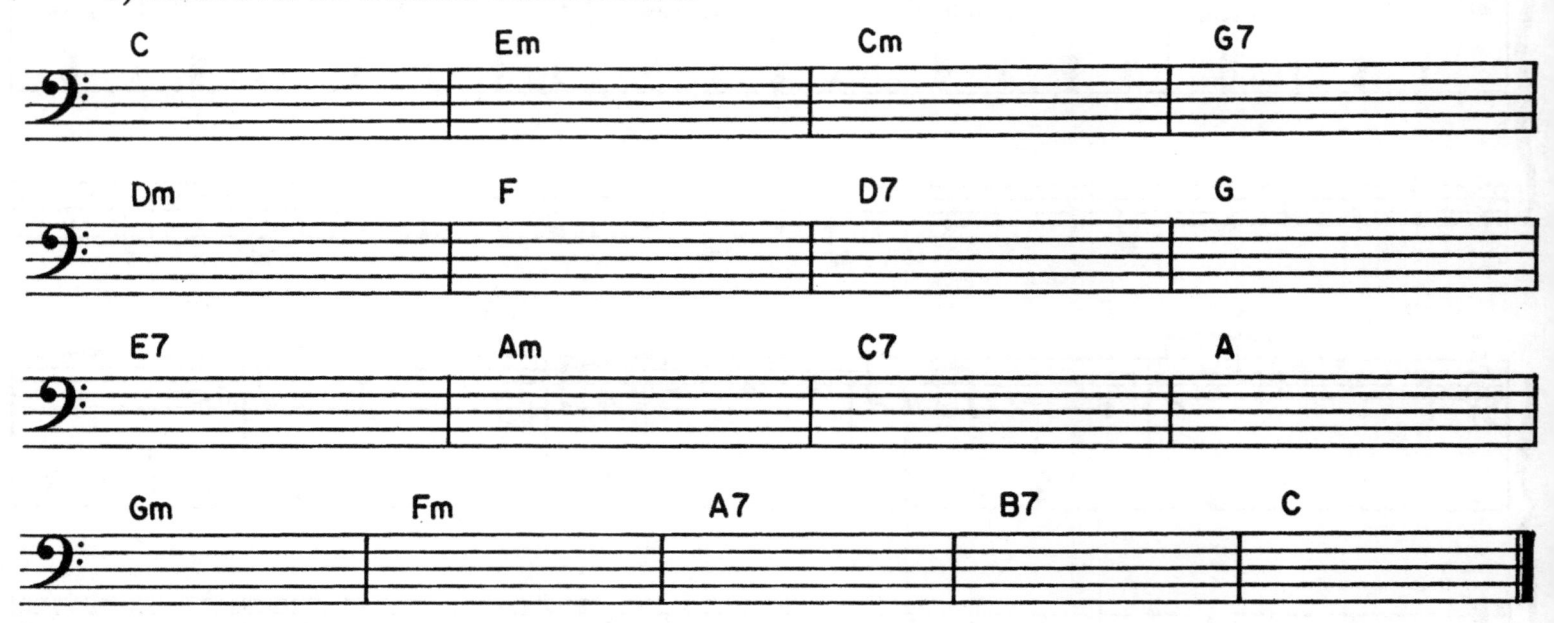

C	Em	Cm	G7
Dm	F	D7	G
E7	Am	C7	A
Gm	Fm	A7	B7	C

2) Faça a ligação:

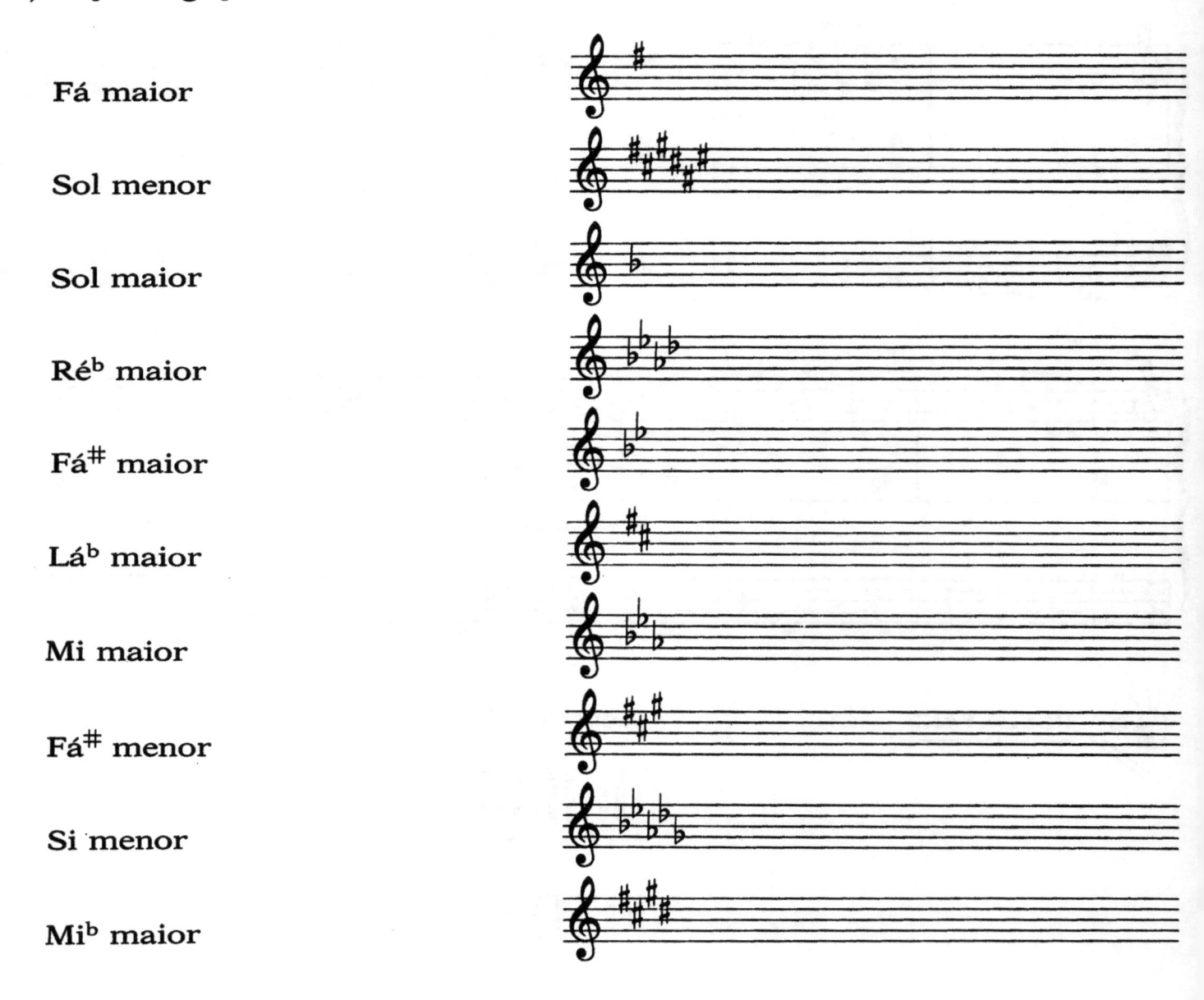

- Fá maior
- Sol menor
- Sol maior
- Ré♭ maior
- Fá♯ maior
- Lá♭ maior
- Mi maior
- Fá♯ menor
- Si menor
- Mi♭ maior

3) Construa as seguintes escalas:

a) Dó maior e sua relativa menor

b) Sol maior e sua relativa menor

c) Ré maior e sua relativa menor

d) Lá maior e sua relativa menor

e) Mi maior e sua relativa menor

f) Si maior e sua relativa menor

g) Fá# maior e sua relativa menor

h) Dó# maior e sua relativa menor

Lição 11
RITMO DA CHUVA

John Gumoe

REGISTRAÇÃO
T.S.: ....
T.I.: ....
Ped.: ....
Ritmo:
Efeitos: ....

©Copyright by TAMELANE MUSIC. INC. § E. H. MORRIS
©Copyright Para o Brasil by WARNER CHAPPELL EDIÇÕES MUSICAIS LTDA.

Verificar
Acordes novos Gm e Bb pág. 101

Exercícios aplicados à lição 11

1) Identifique as notas musicais:

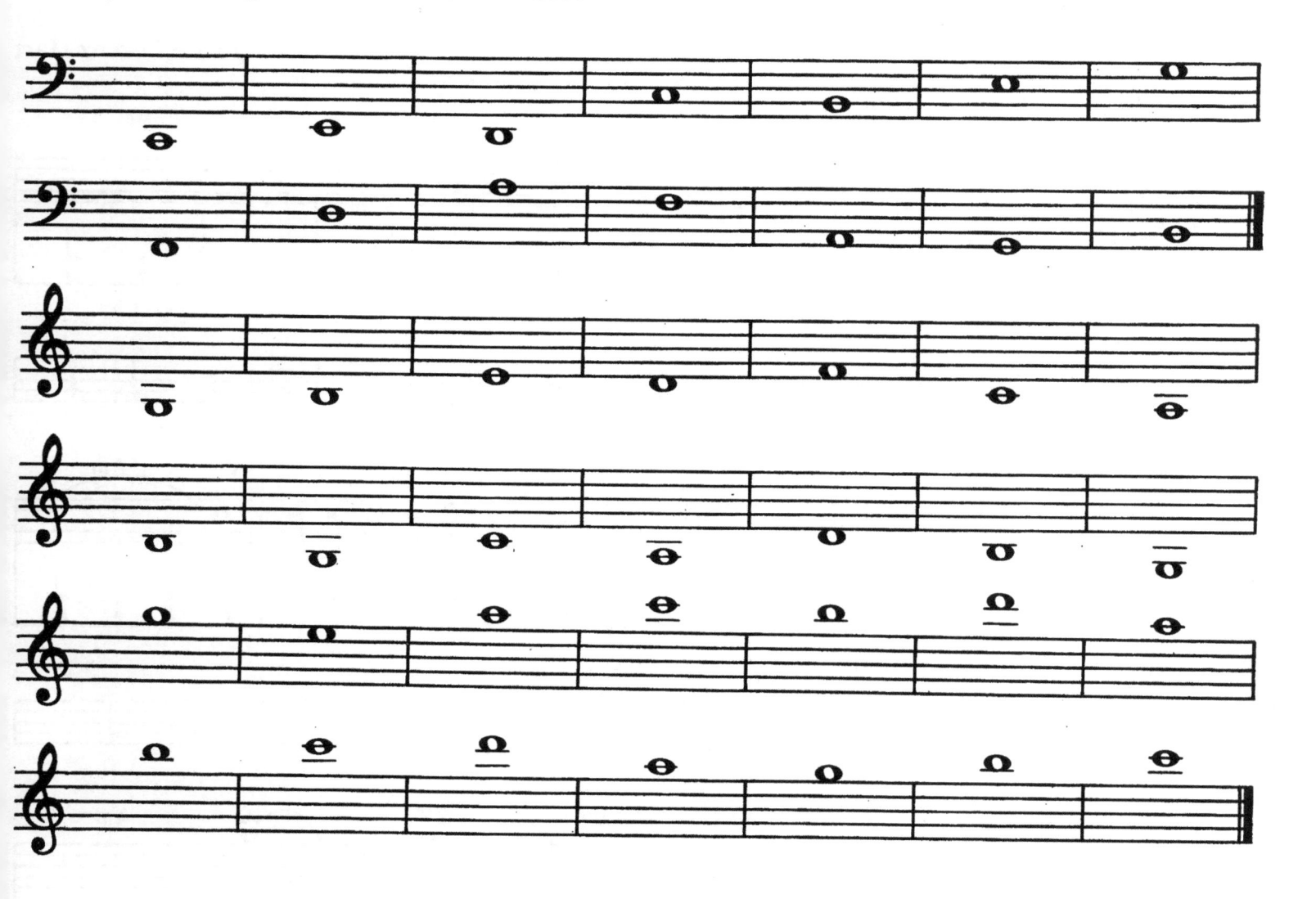

2) Escreva as armaduras de clave das seguintes escalas:

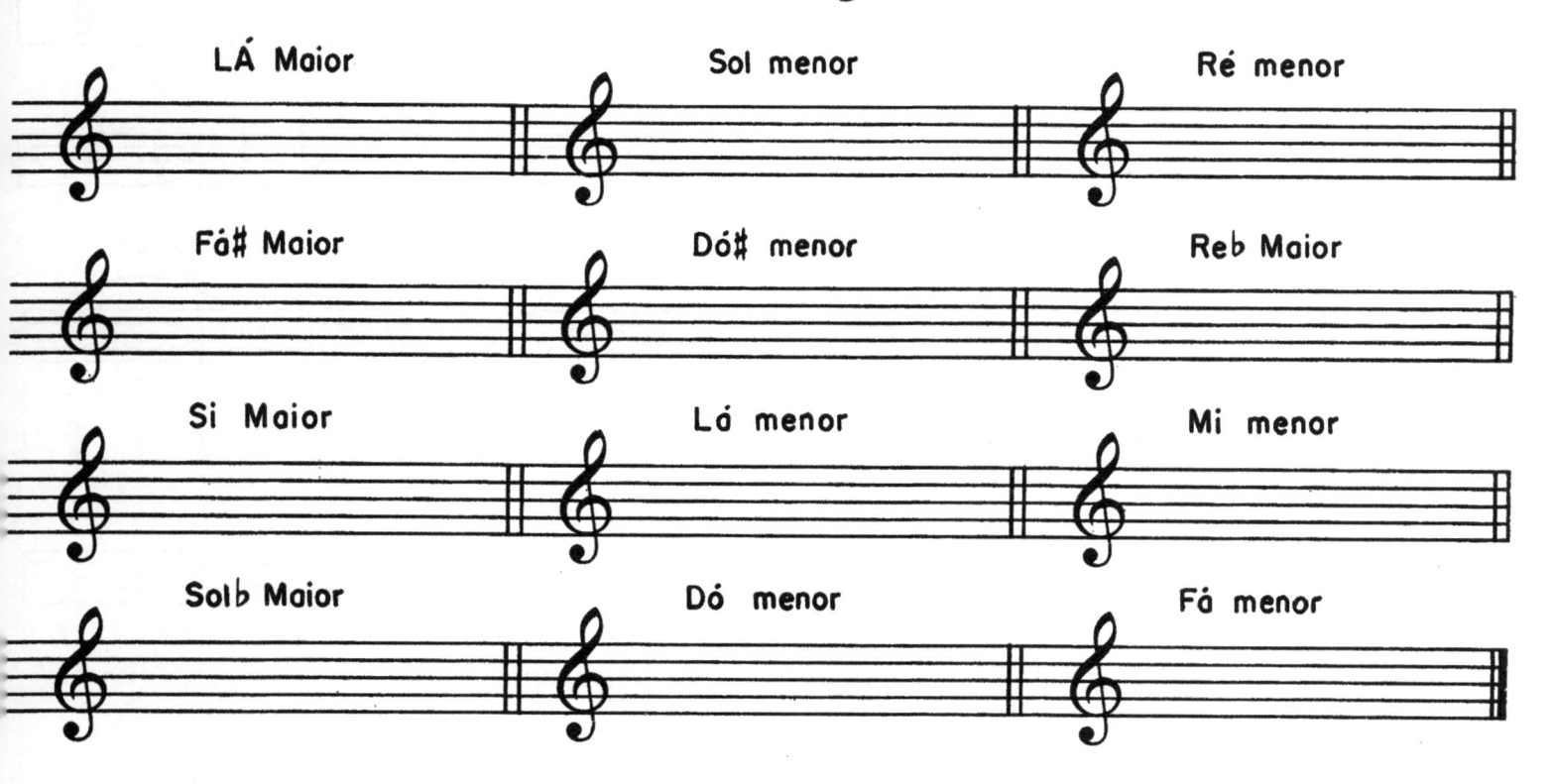

LÁ Maior   Sol menor   Ré menor

Fá# Maior   Dó# menor   Reb Maior

Si Maior   Lá menor   Mi menor

Solb Maior   Dó menor   Fá menor

Lição 12

BLUE MOON

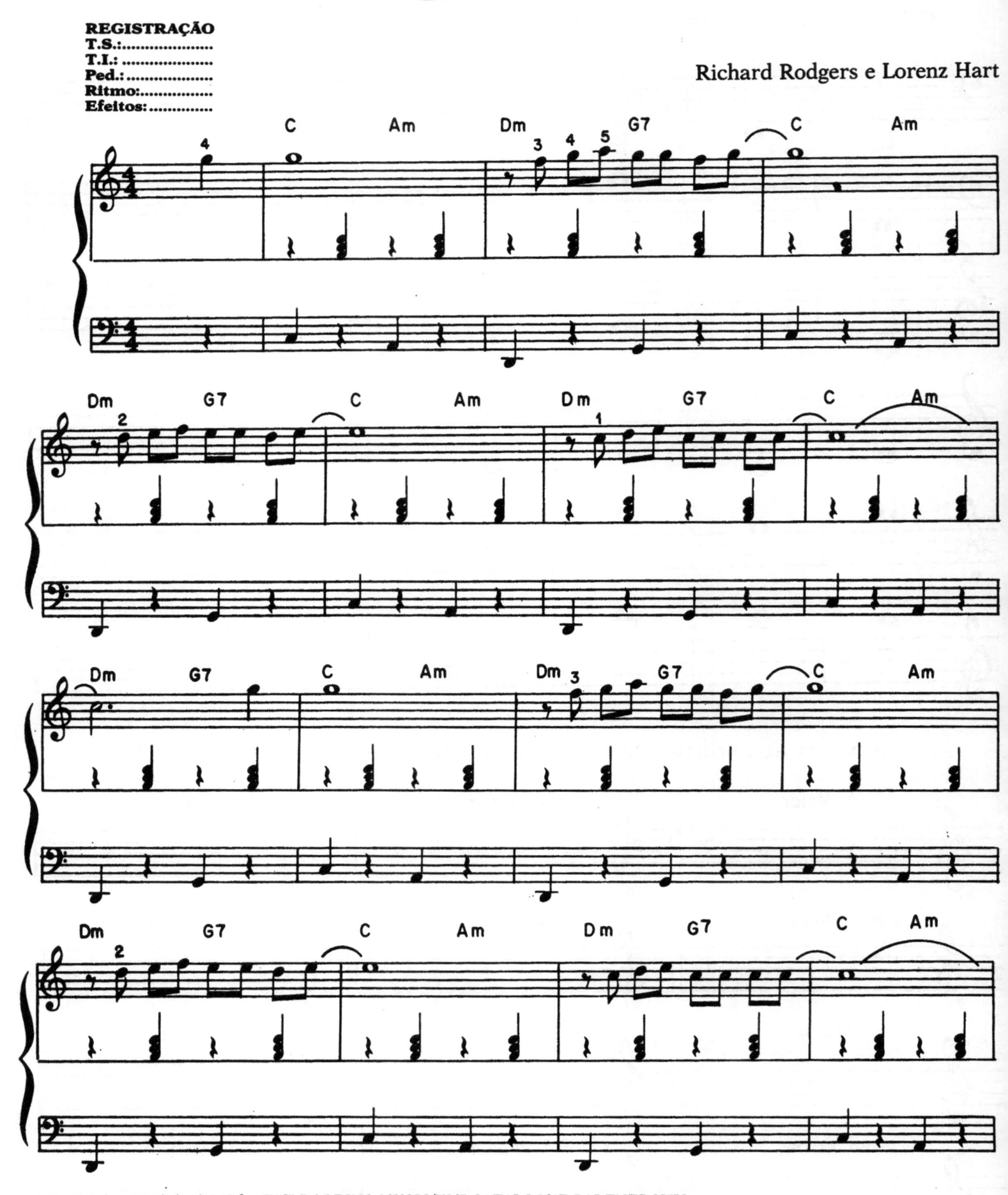

Richard Rodgers e Lorenz Hart

REGISTRAÇÃO
T.S.: ....
T.I.: ....
Ped.: ....
Ritmo: ....
Efeitos: ....

©Copyright 1934/1963/1965 by EMI ROBBINS MUSIC/EMI CATALOGUE PARTNERSHIP
©Copyright Para o Brasil by EMI SONGS DO BRASIL ED. MUSICAIS LTDA. INC

OBSERVAR: Acordes

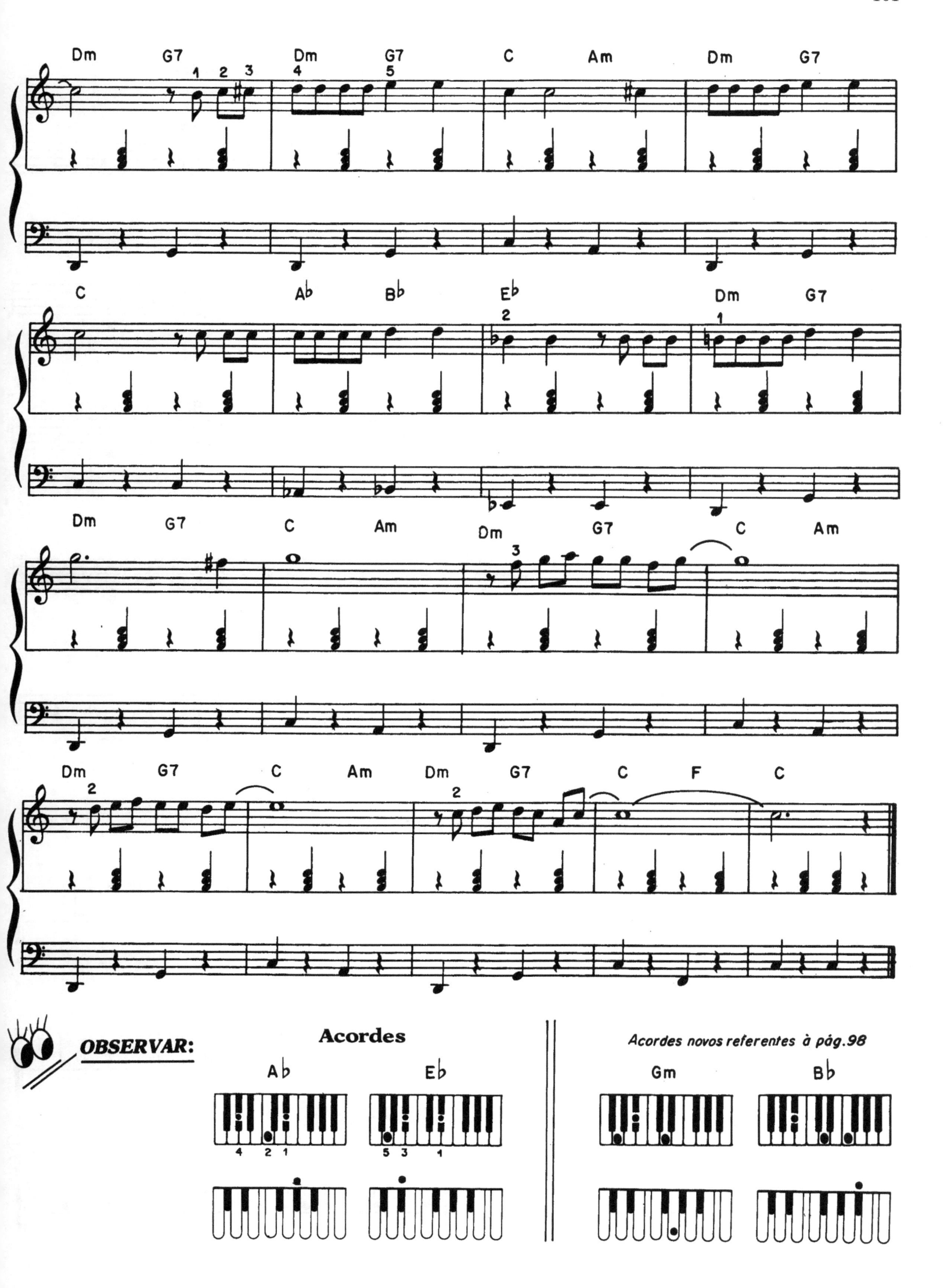

Acordes novos referentes à pág. 98

Pratique os seguintes acordes com pedal alternado:

Treine as seguintes seqüências rítmicas

Exercícios aplicados à lição 12

1) O que é baixo alternado?

2) Quais são as regras básicas para se fazer pedal alternado?

3) O que é baixo caminhante?

4) Para que serve a clave de fá?

5) O que é escala?

6) O que são escalas maiores?

7) O que é tom? E semitom?

8) O que são escalas menores?

9) O que é armadura de clave?

10) Como fazemos para encontrar a escala relativa menor de uma escala maior?

11) O que é tonalidade?

12) O que é modulação?

13) Qual é a ordem dos sustenidos?

14) Qual é a ordem dos bemóis?

15) O que é unidade de tempo?

16) O que é unidade de compasso?

17) O que são linhas suplementares?

18) O que significa:

a) D.C.:   c) Fine: e) to 𝄋

b) D.S.:   d) 𝄋   f) 𝄋

19) Explique as seguintes fórmulas de compasso:

$\frac{4}{4}$	$\frac{2}{4}$	$\frac{2}{2}$	$\frac{3}{8}$
$\frac{4}{8}$	¢	$\frac{4}{16}$	$\frac{3}{4}$
$\frac{4}{2}$	$\frac{2}{16}$	$\frac{2}{8}$	$\frac{4}{1}$

20) Construa as seguintes escalas:

a) Fá maior e sua relativa menor

b) Láb maior e sua relativa menor

c) Réb maior e sua relativa menor

d) Solb maior e sua relativa menor

21) Como fazemos a escala menor harmônica? Dê dois exemplos.

22) Como fazemos a escala menor melódica? Dê dois exemplos.

23) Complete os seguintes compassos:

CERTIFICADO DE CONCLUSÃO

Certifico que..
concluiu satisfatoriamente o Estágio II de "Aprenda a Tocar" Órgão Eletrônico e Teclado, de Cristine Prado, estando apto(a) a prosseguir seus estudos, cursando o Estágio III.

.... , ... de .... de ....

....
(assinatura do professor)

ESTÁGIO III

Estágio III

SUPLEMENTO DE TEORIA MUSICAL

Síncope é o deslocamento da acentuação natural das notas.

Em outras palavras, quando uma nota executada em tempo fraco ou parte fraca de tempo é prolongada ao tempo forte ou parte forte do tempo seguinte, temos síncope.

Exemplo:

Obs.:

F = forte

mF = meio forte

f = fraco

Contratempo é o deslocamento da acentuação natural das notas **por meio de pausas**.

Exemplo:

Quiálteras ou **Grupos Alterados** são, como o próprio nome já diz, grupos de figuras musicais que possuem seus valores alterados.

Para identificá-los, usa-se uma chave abrangendo o grupo de notas e um número indicando a quantidade de notas contidas nele.

Exemplo:

(em fórmulas de compasso com semínima como unidade de tempo)

As quiálteras também podem receber nomes específicos de acordo com o número de notas que as compõem: duínas, tercinas, quintinas, sextinas, etc.

COMPASSOS COMPOSTOS

São aqueles que possuem uma subdivisão ternária em cada um de seus tempos. A unidade de tempo de um compasso composto é uma figura pontuada.

Exemplo: $\frac{6}{8}$ U.T. = ♩. → → *compasso binário composto*
→ *subdivisão ternária*

Os compassos compostos mais usados são os que possuem como denominadores os números 8 e 16.

Exemplo: $\frac{9}{8}$ $\frac{12}{16}$

Podemos substituir o denominador de um compasso pela figura que indica a unidade de tempo (tanto nos compassos simples como nos compostos).

Exemplo: $\frac{6}{8} = \frac{2}{♩.}$ $\frac{12}{16} = \frac{4}{♪.}$ $\frac{4}{4} = \frac{4}{♩}$

Acordes são combinações de sons simultâneos.
Os acordes podem ser formados por três ou mais sons.
Tríade é o nome que se dá ao agrupamento de três notas da escala: I, III, V.

Exemplo: Tríade de Dó Maior

Cifras, como já vimos, são símbolos criados para representar acordes.
Os acordes podem ser: maiores, menores, aumentados, diminutos e meio ou semi-diminutos.
Essa classificação se dá de acordo com o número de tons e semitons contidos nos acordes.
Para compreendermos os acordes precisamos compreender escalas e intervalos.

Intervalo é a distância entre um som e outro, ou seja, a diferença de altura entre as notas.
Os intervalos são classificados sob dois aspectos:
a) de acordo com o número de notas que ele abrange (segunda, terça, etc.);
b) de acordo com o número de tons e semitons contidos no intervalo.
Assim, os intervalos podem ser classificados em: maiores, menores, justos, aumentados e diminutos.

Intervalos de 2ª e 3ª

São considerados intervalos de segunda **maior** aqueles que apresentam um tom entre as notas.

Se apresentarem um semitom, serão considerados **menores**; se apresentarem mais do que um tom, serão considerados **aumentados**.

Exemplos: [2ª Maior, 2ª menor, 2ª Aumentada]

São considerados intervalos de terça **maior** aqueles que apresentam dois tons entre as notas.

Se apresentarem apenas um tom e um semitom, serão considerados **menores**.

Se apresentarem apenas um tom, serão considerados **diminutos**, e se apresentarem mais do que dois tons, serão considerados **aumentados**.

Exemplos: [3ª Maior, 3ª menor, 3ª diminuta, 3ª Aumentada]

Intervalos de 4ª e 5ª

São classificados como justos, aumentados ou diminutos.

$$4^a \text{ justa} = 2 \text{ tons e } 1 \text{ semitom}$$

$$5^a \text{ justa} = 3 \text{ tons e } 1 \text{ semitom}$$

Se apresentarem um semitom a mais serão considerados **aumentados**.

Se apresentarem um semitom a menos serão considerados **diminutos**.

Exemplos: [4ª Justa, 4ª Aum., 4ª dim, 5ª Justa, 5ª Aum., 5ª dim]

Intervalos de 6ª e 7ª

São classificados como maiores, menores, aumentados e diminutos.

$$6^a \text{ maior} = 4 \text{ tons e } 1 \text{ semitom}$$

$$7^a \text{ maior} = 5 \text{ tons e } 1 \text{ semitom}$$

Se diminuirmos um semitom desses intervalos eles serão considerados **menores**. Diminuindo mais meio tom eles serão considerados **diminutos**.

Se acrescentarmos meio tom a esses intervalos, eles serão considerados aumentados.

Exemplos: [6ª M, 6ª m, 6ª dim, 7ª M, 7ª m, 7ª dim]

FORMAÇÃO DE ACORDES

Os acordes são feitos com, geralmente, três notas. Essas notas são: a primeira, a terceira e a quinta nota de uma escala (tríade). Por exemplo, no acorde de C, usamos a escala de dó maior (C=DÓ).

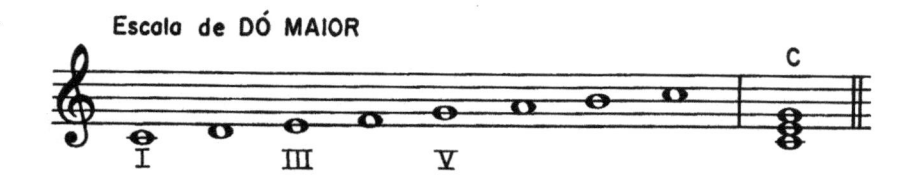

Os acordes podem ser tocados em qualquer seqüência ou posição:

Escolhemos uma ou outra posição, de acordo com o encadeamento que proporcionam.

Um **acorde maior** terá sempre 3ª M e 5ª J em sua posição fundamental.

Um **acorde menor** terá sempre 3ª m e 5ª J em sua posição fundamental.

Exemplos:

Acorde com sétima da dominante é como chamamos um acorde maior com sétima menor. Sua cifra correspondente será a de um acorde maior, acompanhado do número sete.

Exemplos:

Alguns exemplos de cifras que podem gerar dúvidas:

C = acorde maior

Cm = acorde menor

C_7 = acorde maior com sétima menor (dominante)

Cm_7 = acorde menor com sétima menor

Lição 1

MARIA, MARIA

REGISTRAÇÃO
T.S.:..................
T.I.:..................
Ped.:..................
Ritmo:..................
Efeitos:..................

Milton Nascimento e Fernando Brant

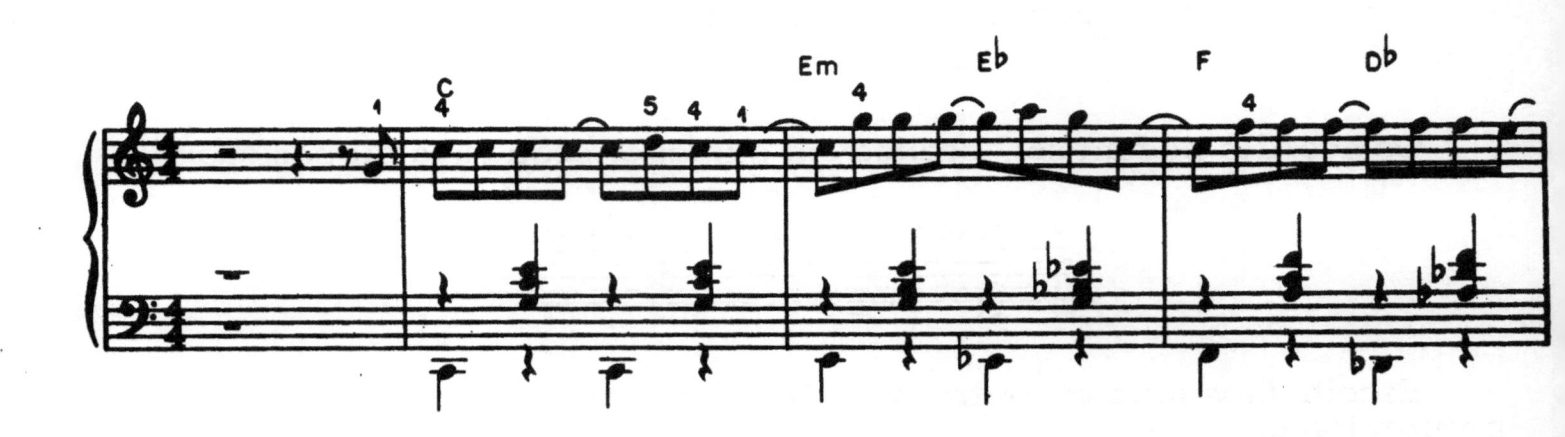

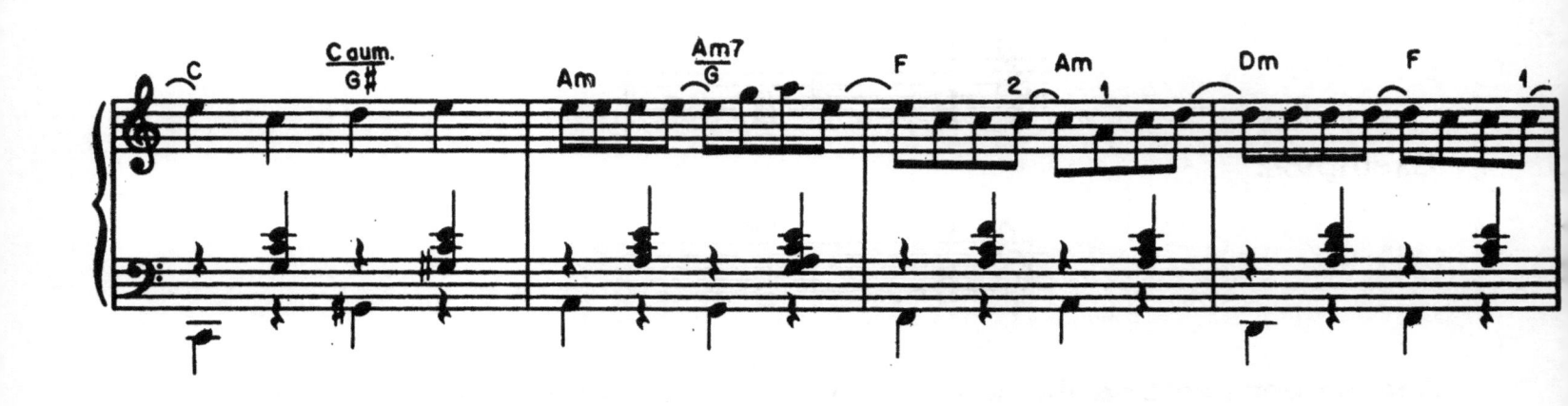

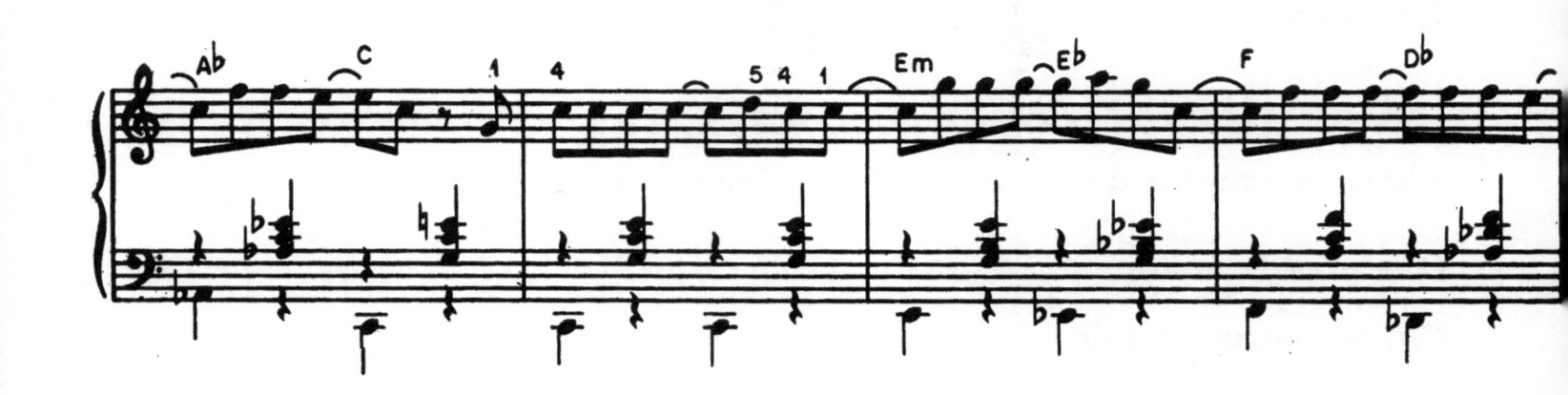

©Copyright 1978 by TRES PONTAS EDIÇÕES MUSICAIS LTDA.

C Caum./G# Am Am7/G F Am Dm F
Ab C Em Eb F Db
C Caum./G# Am Am7/G F Am Dm F Ab C
Em Eb F Db C Caum/G#
Am Am7/G F Am Dm F Ab C

OBSERVAR:

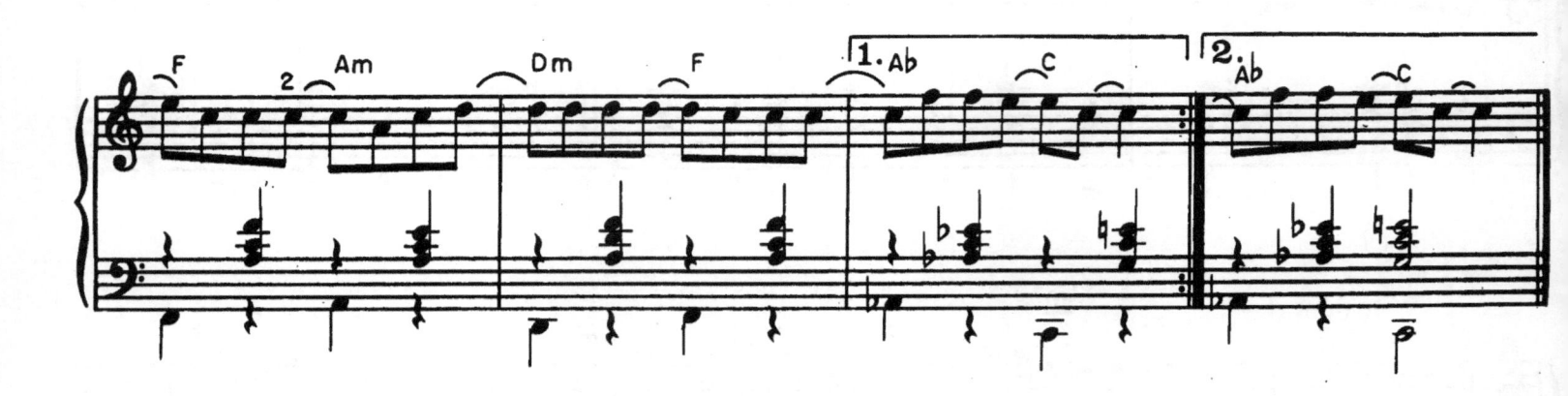

Acordes Novos

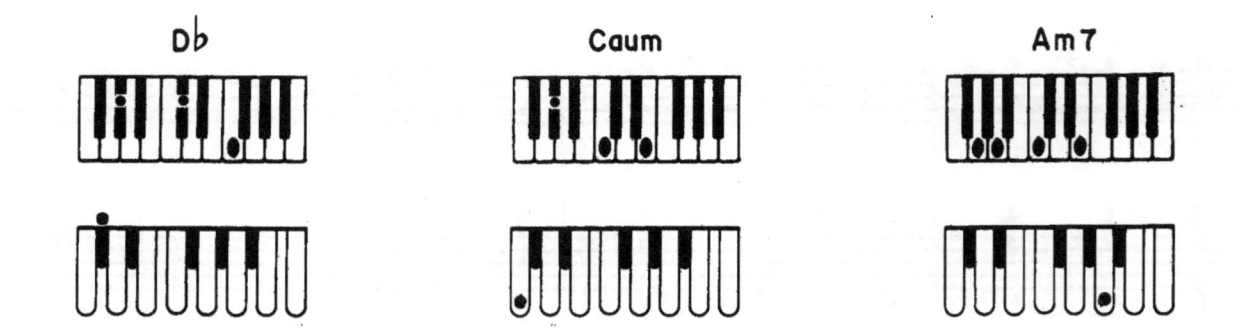

Caum/G# = acorde C aum com pedal sol#

Exercícios aplicados à lição 1

1) O que é síncope?

2) Assinale, na música, os trechos onde temos síncope.

3) O que é contratempo?

4) Assinale, na música, os trechos onde temos contratempo.

5) Em que tonalidade está escrita a lição 1?

6) Construa as seguintes escalas:

Fá maior

Ré menor

Ré menor harmônica

Ré menor melódica

7) Execute as seguintes seqüências rítmicas:

8) Identifique as notas musicais:

Lição 2

ÊXODUS

REGISTRAÇÃO
T.S.:..................
T.I.:..................
Ped.:..................
Ritmo:..................
Efeitos:..................

Ernest Gold e Pat Boone

©Copyright 1960 by CHAPPELL & CO. INC.
©Copyright Para o Brasil by WARNER CHAPPELL EDIÇÕES MUSICAIS LTDA.

OBSERVAR: Padrão Rítmico Acordes D E

Exercícios aplicados à lição 2

1) O que são acordes?

2) Com quais graus da escala formamos um acorde?

3) Qual à diferença entre um acorde maior e um acorde menor?

4) O que é intervalo?

5) Como podemos classificar os intervalos?

6) Classifique os seguintes intervalos:

7) Ditado Rítmico:

8) Ditado Melódico:

9) Identifique as notas musicais

Lição 3

YESTERDAY

John Lennon e Paul McCartney

REGISTRAÇÃO
T.S.:....................
T.I.:....................
Ped.:...................
Ritmo:.................
Efeitos:...............

©Copyright 1965 by MACLEN MUSIC LTD (50%)
©Copyright Para o Brasil by WARNER CHAPPELL EDIÇÕES MUSICAIS LTDA.

Verificar Acorde de A7 pag. 128

Exercícios aplicados à lição 3

1) Em que tonalidade está escrita a lição 3?

2) Classifique os seguintes intervalos:

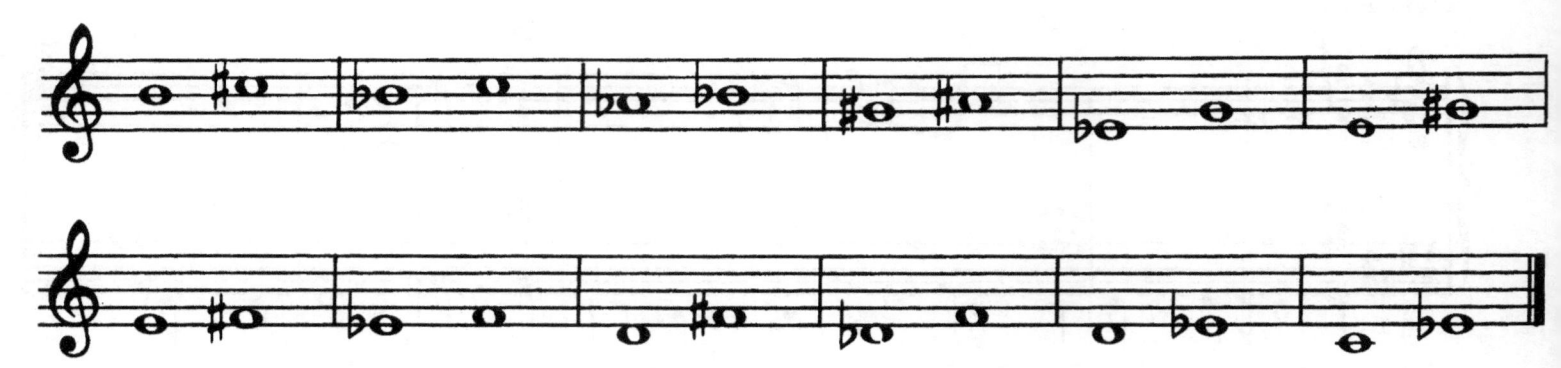

3) Complete os seguintes intervalos:

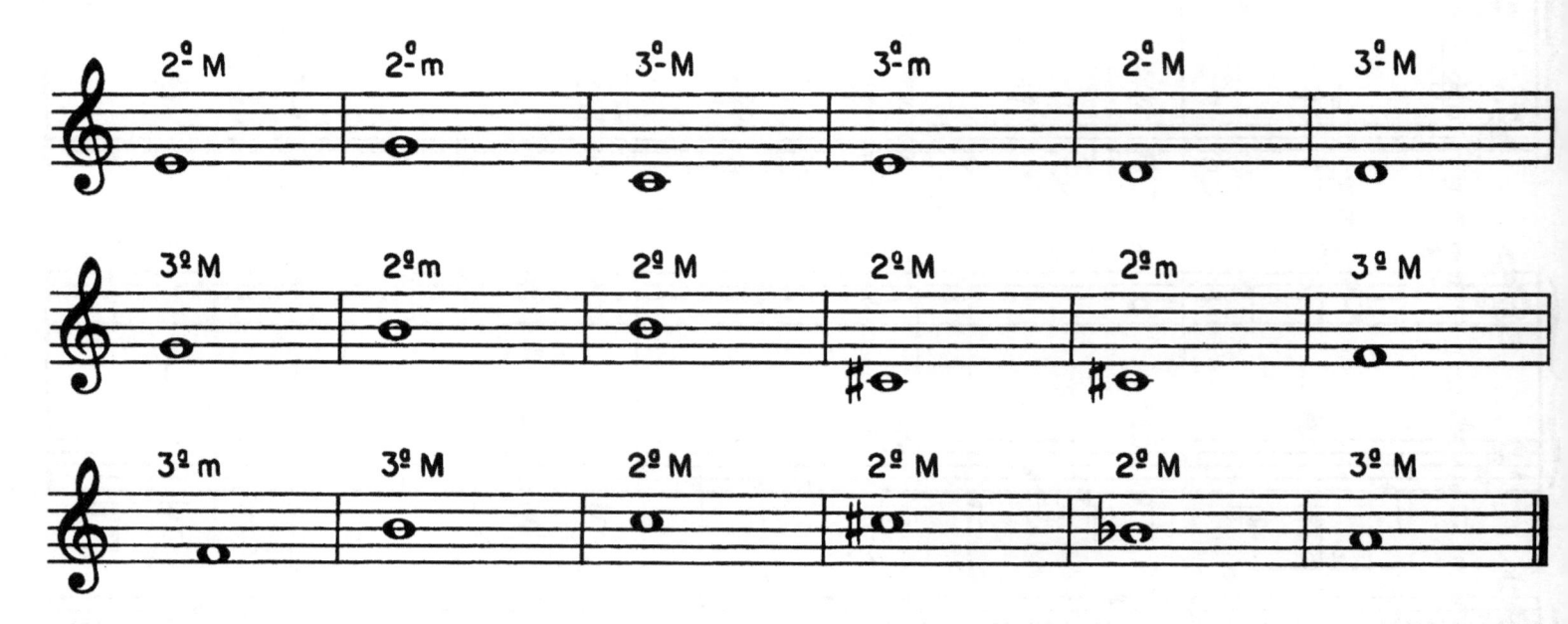

| 2ª M | 2ª m | 3ª M | 3ª m | 2ª M | 3ª M |

| 3ª M | 2ª m | 2ª M | 2ª M | 2ª m | 3ª M |

| 3ª m | 3ª M | 2ª M | 2ª M | 2ª M | 3ª M |

4) Construa os seguintes acordes em clave de Sol, na posição fundamental:

| C | F | G | Am | Dm | Em | Fm |

5) O que é inversão de acordes?

6) Quantos tons possuem os seguintes intervalos?

a) 2ª menor:

b) 2ª maior:

c) 3ª menor:

d) 3ª maior:

e) 3ª aum:

f) 2ª aum:

g) 3ª dim:

7) Execute as seguintes seqüências rítmicas:

8) Identifique as notas musicais:

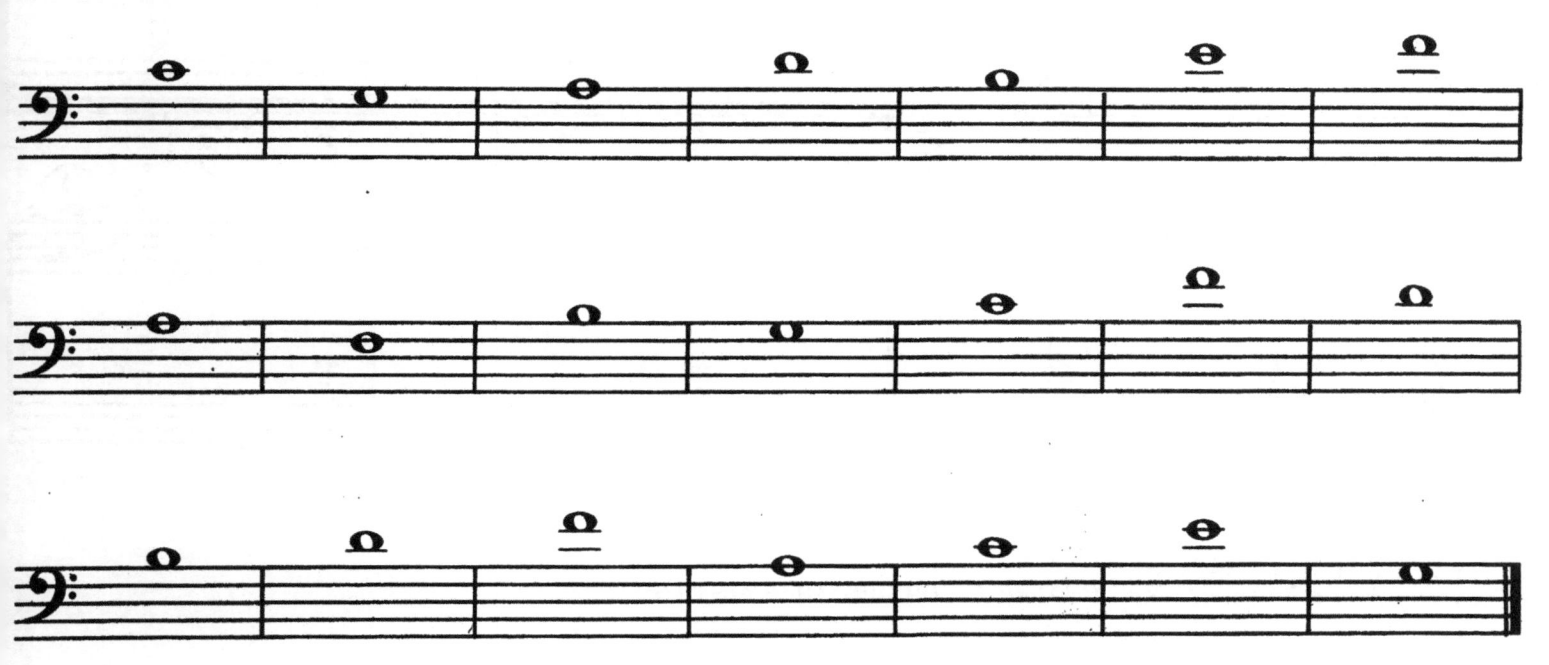

Lição 4
CARRUAGENS DE FOGO

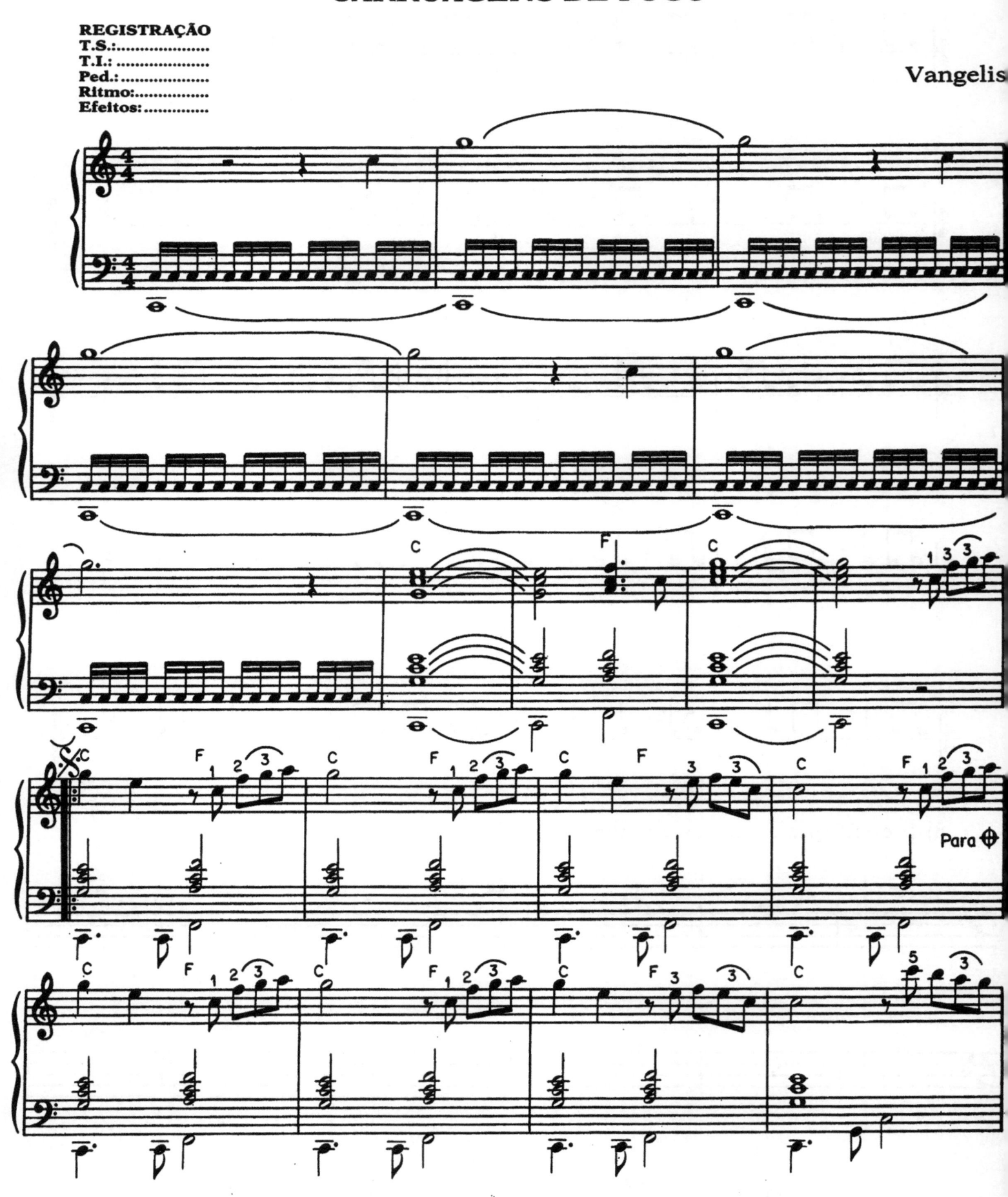

REGISTRAÇÃO
T.S.: ....
T.I.: ....
Ped.: ....
Ritmo: ....
Efeitos: ....

Vangelis

©Copyright 1981 by SPHERIC BV
©Copyright Para o Brasil WARNER CHAPPELL EDIÇÕES MUSICAIS LTDA.

Em F C
Em G7 C
Em F C F/G
C
Em F C
Em G7 C
1. Em F C F/G
C F
2. Em F C G7
C F
D.S. al CODA
CODA
C F C F
C F
C F
C F
C F
C F
C

Exercícios aplicados à lição 4

1) Como podem ser classificados os intervalos de 4ª e 5ª?

2) Classifique os seguintes intervalos:

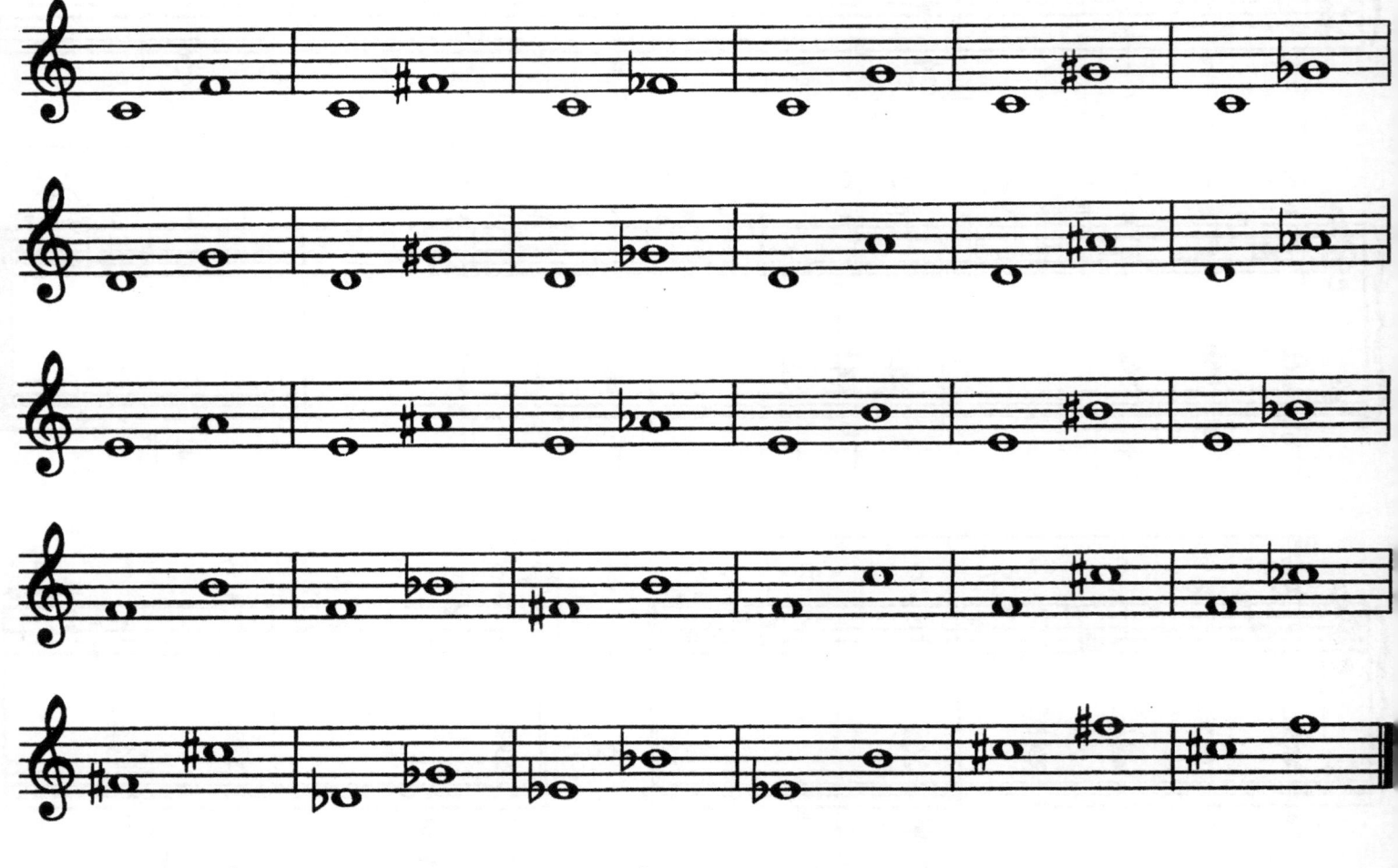

3) Complete os seguintes intervalos:

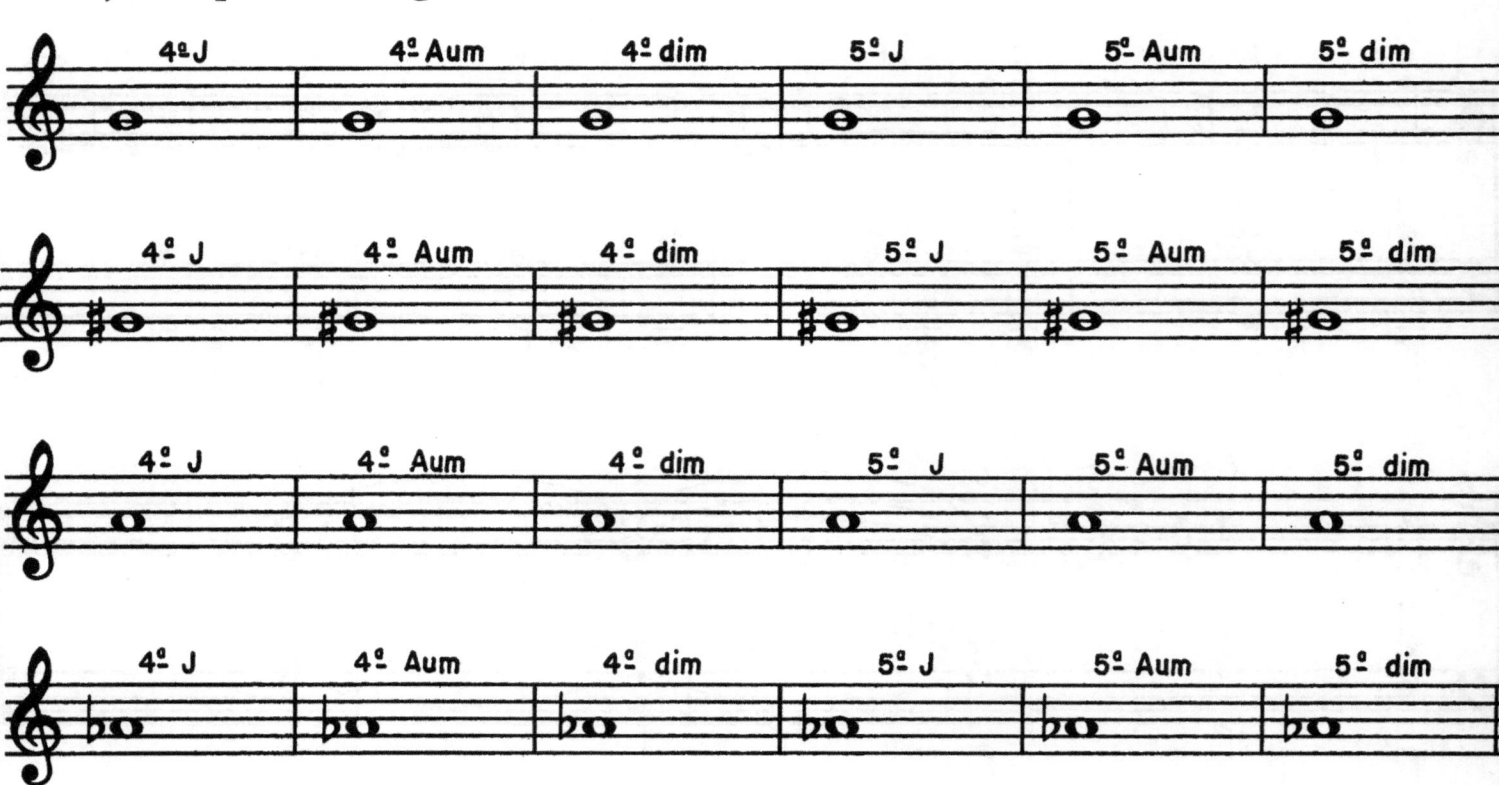

4) Quantos tons possuem os seguintes intervalos?

a) 4ª justa:

b) 4ª aum:

c) 4ª dim:

d) 5ª justa:

e) 5ª aum:

f) 5ª dim:

5) Quais são os dois tipos de intervalos que compõem um acorde básico?

6) Quais são os intervalos que compõem um acorde maior?

7) Quais são os intervalos que compõem um acorde menor?

8) Construa, em clave de Sol, posição fundamental, os seguintes acordes:

| Am | D | F | G | Em | C |

| E | A | Dm | Ab | C# | Bb |

9) Ditado Rítmico:

10) Ditado Melódico:

Lição 5

VALSA DE UMA CIDADE

REGISTRAÇÃO
T.S.: ....
T.I.: ....
Ped.: ....
Ritmo: ....
Efeitos: ....

Ismael Netto e Antonio Maria

© Copyright 1954 by IRMÃOS VITALE S/A. Ind. e Com. - São Paulo - Rio de Janeiro - Brasil
Todos os direitos autorais reservados para todos os países - All Rights Reserved

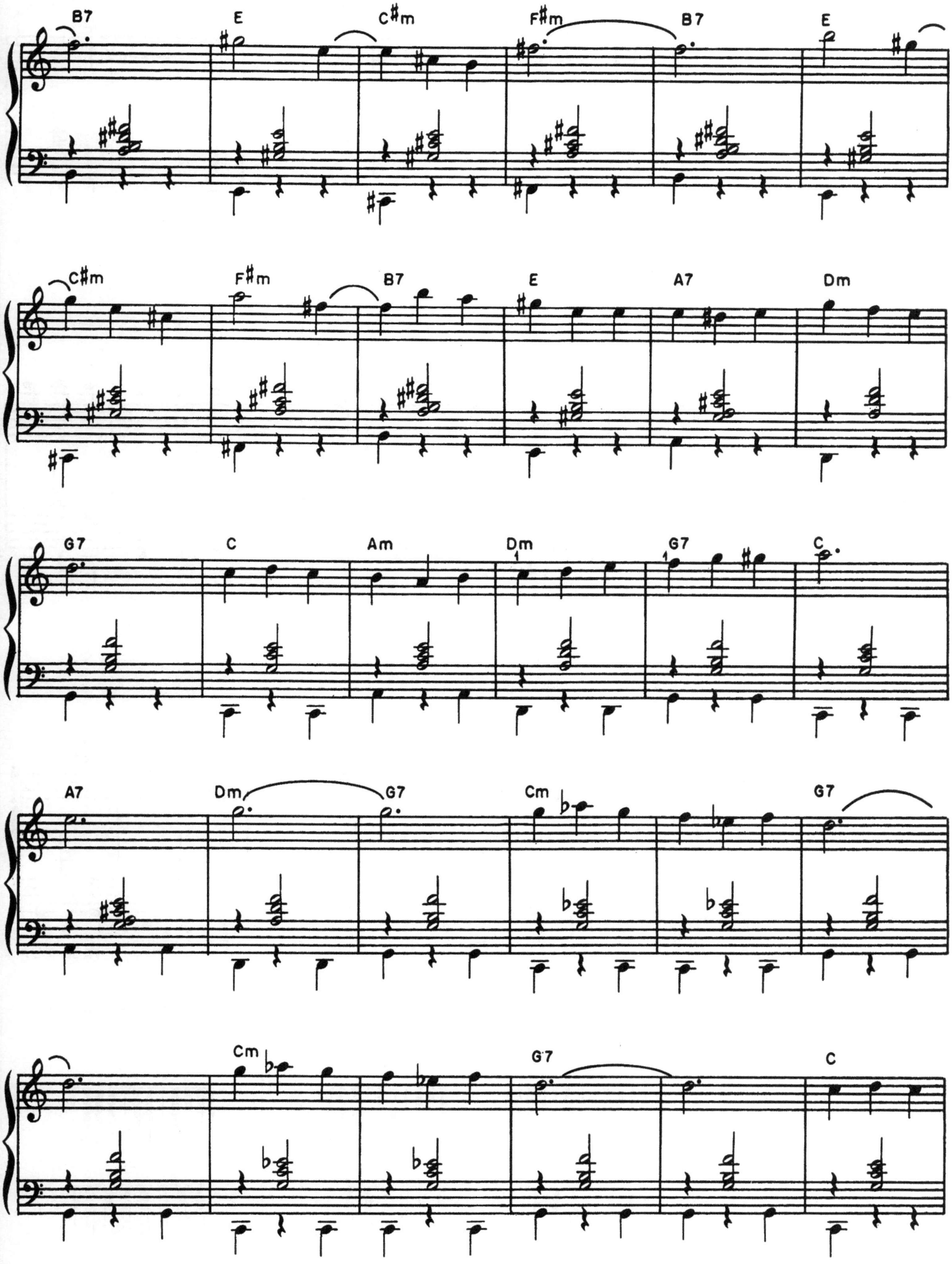
B7 E C♯m F♯m B7 E
C♯m F♯m B7 E A7 Dm
G7 C Am Dm G7 C
A7 Dm G7 Cm G7
Cm G7 C

OBSERVAR:

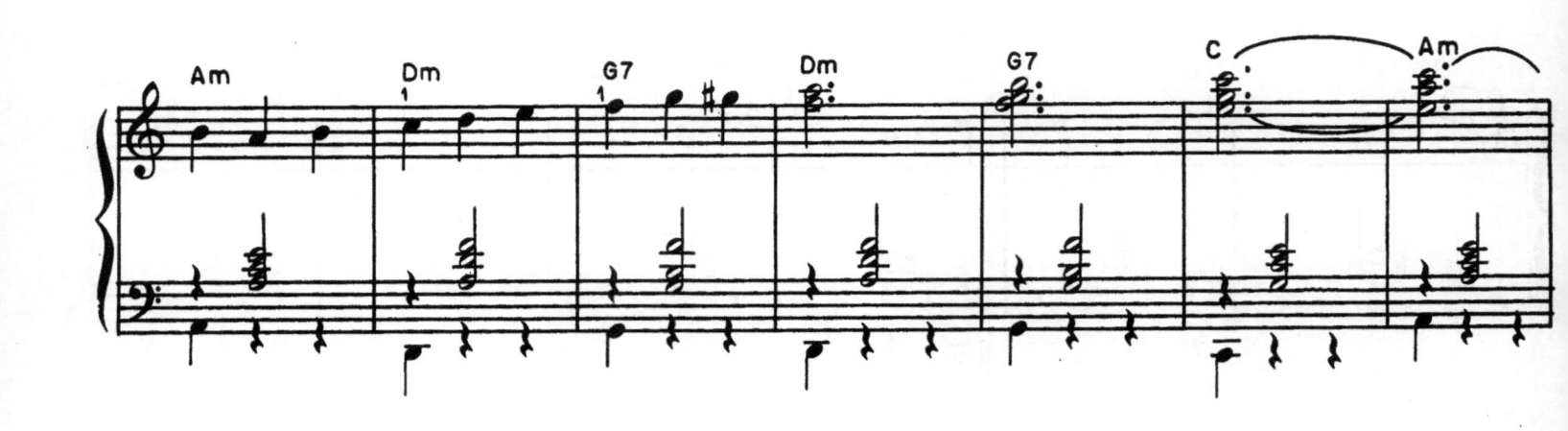

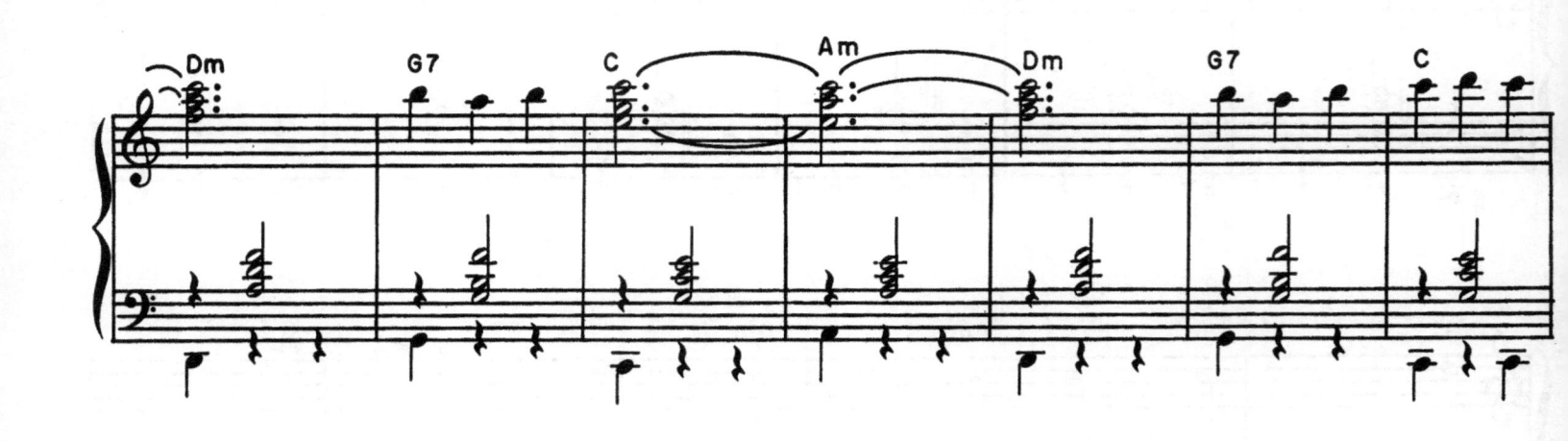

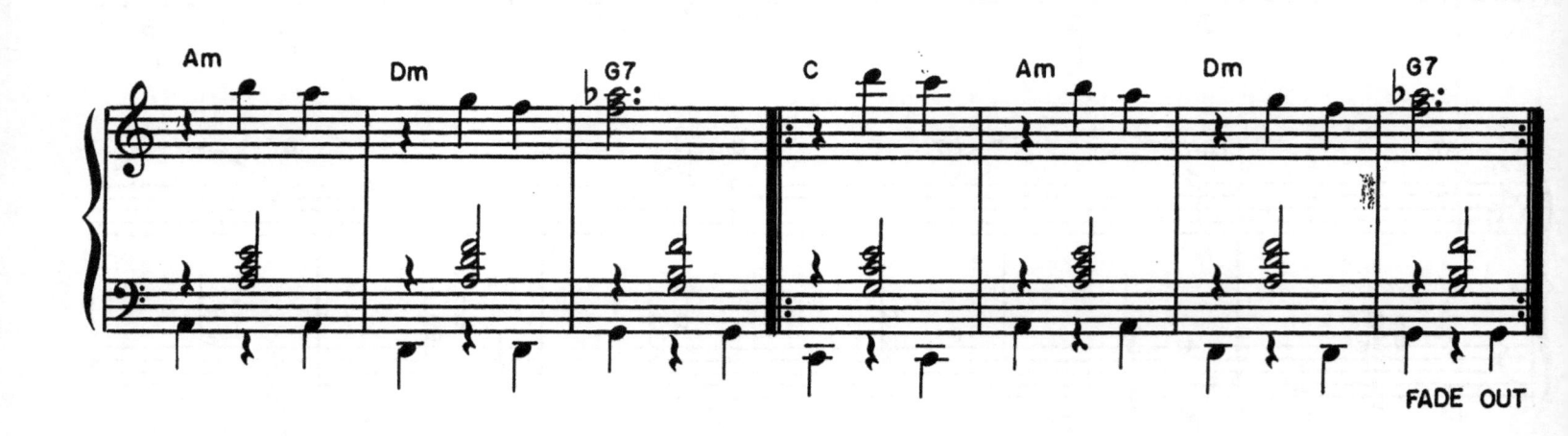

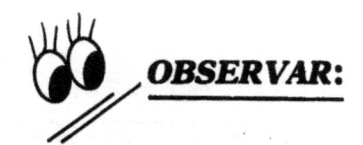

Acordes Novos

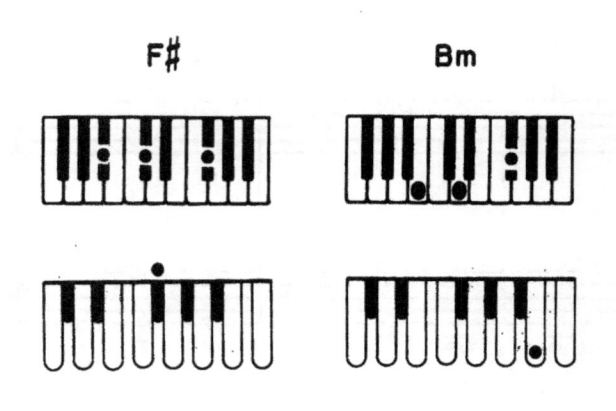

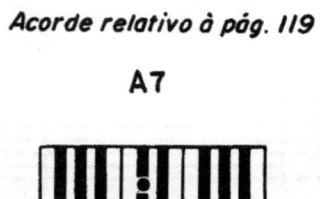

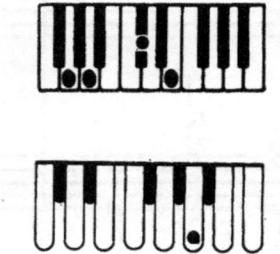

Acorde relativo à pág. 119

F#   Bm   A7

FADE OUT

Exercícios aplicados à lição 5

1) Em que tonalidade está a lição 5?

2) Classifique os seguintes intervalos:

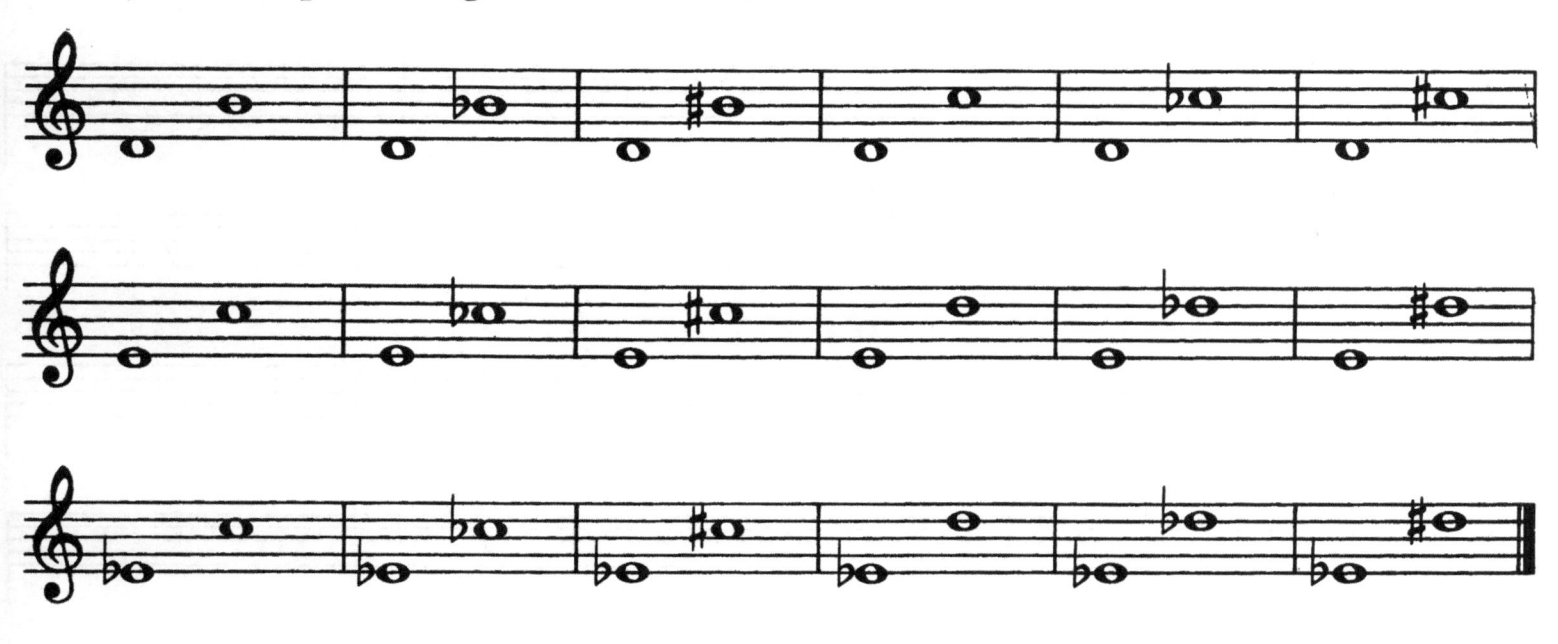

3) Complete os seguintes intervalos:

4) Construa, em clave de Sol, os seguintes acordes:

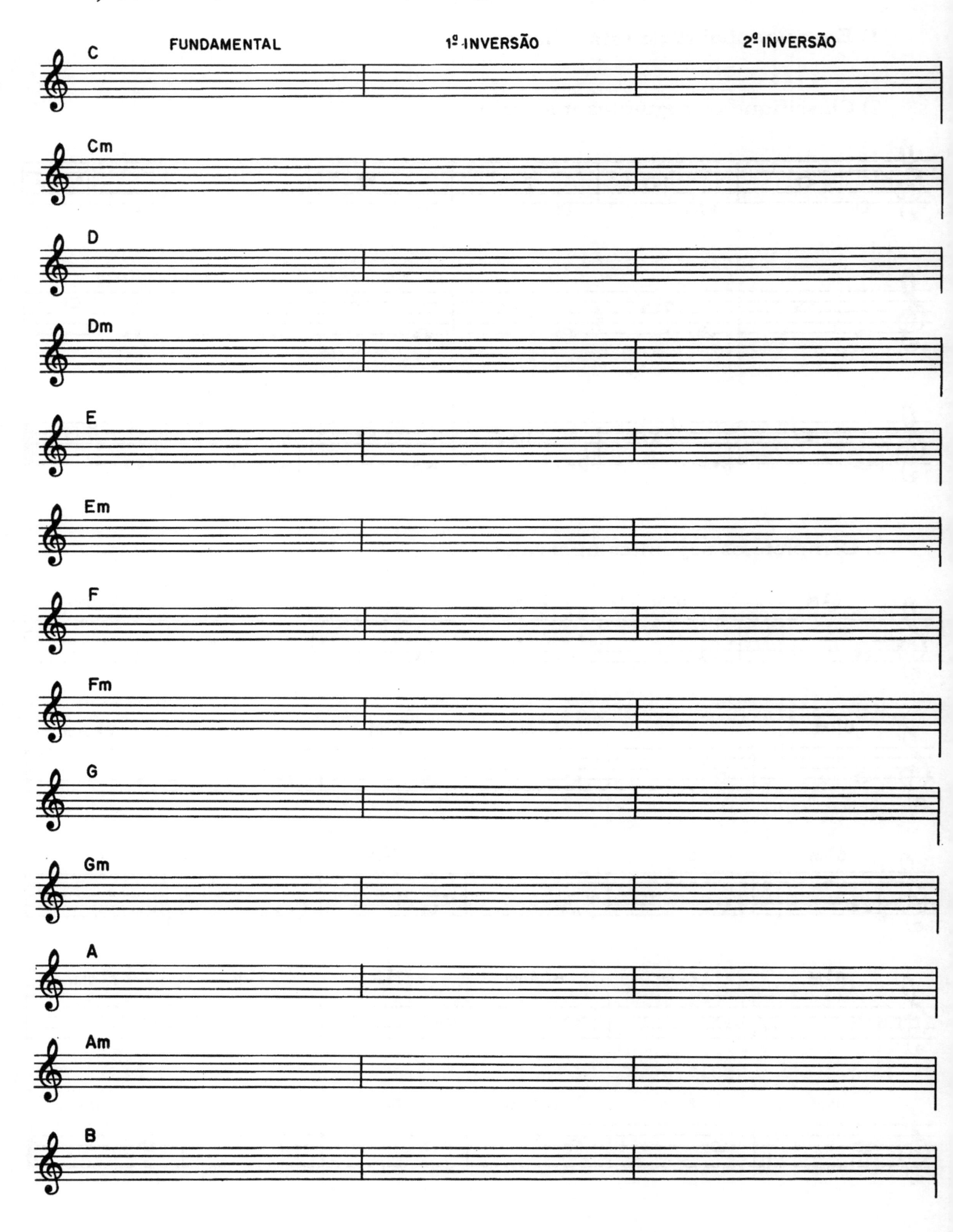

| | FUNDAMENTAL | 1ª INVERSÃO | 2ª INVERSÃO |

C

Cm

D

Dm

E

Em

F

Fm

G

Gm

A

Am

B

5) Quantos tons possuem os seguintes intervalos?

a) 6ª maior:
b) 6ª menor:
c) 6ª aum:
d) 6ª dim:

e) 7ª maior:
f) 7ª menor:
g) 7ª aum:
h) 7ª dim:

6) Ditado Melódico:

7) Execute as seguintes seqüências rítmicas:

8) Identifique os acordes:

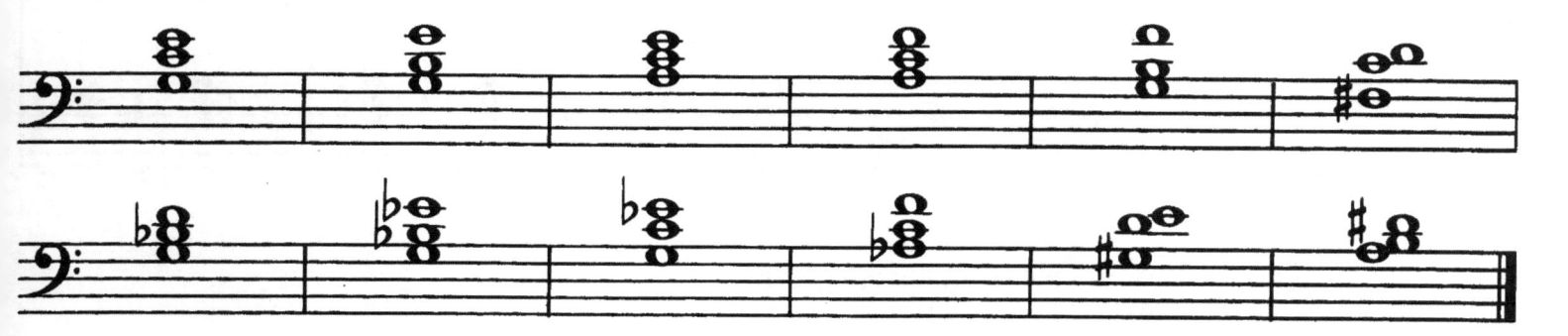

Lição 6

DIANA

REGISTRAÇÃO
T.S.: ....
T.I.: ....
Ped.: ....
Ritmo: ....
Efeitos: ....

Paul Anka

©Copyright by ROBERT MELLIN MUSIC/EMI MUSIC PUBL. LTD.
©Copyright Para o Brasil by EMI ODEON F.I.E. LTDA. (Divisão Itaipu).

133

Exercícios aplicados à lição 6

1) Em que tonalidade está a lição 6?

2) Assinale os trechos onde temos síncope e contratempo.

3) Classifique os seguintes intervalos:

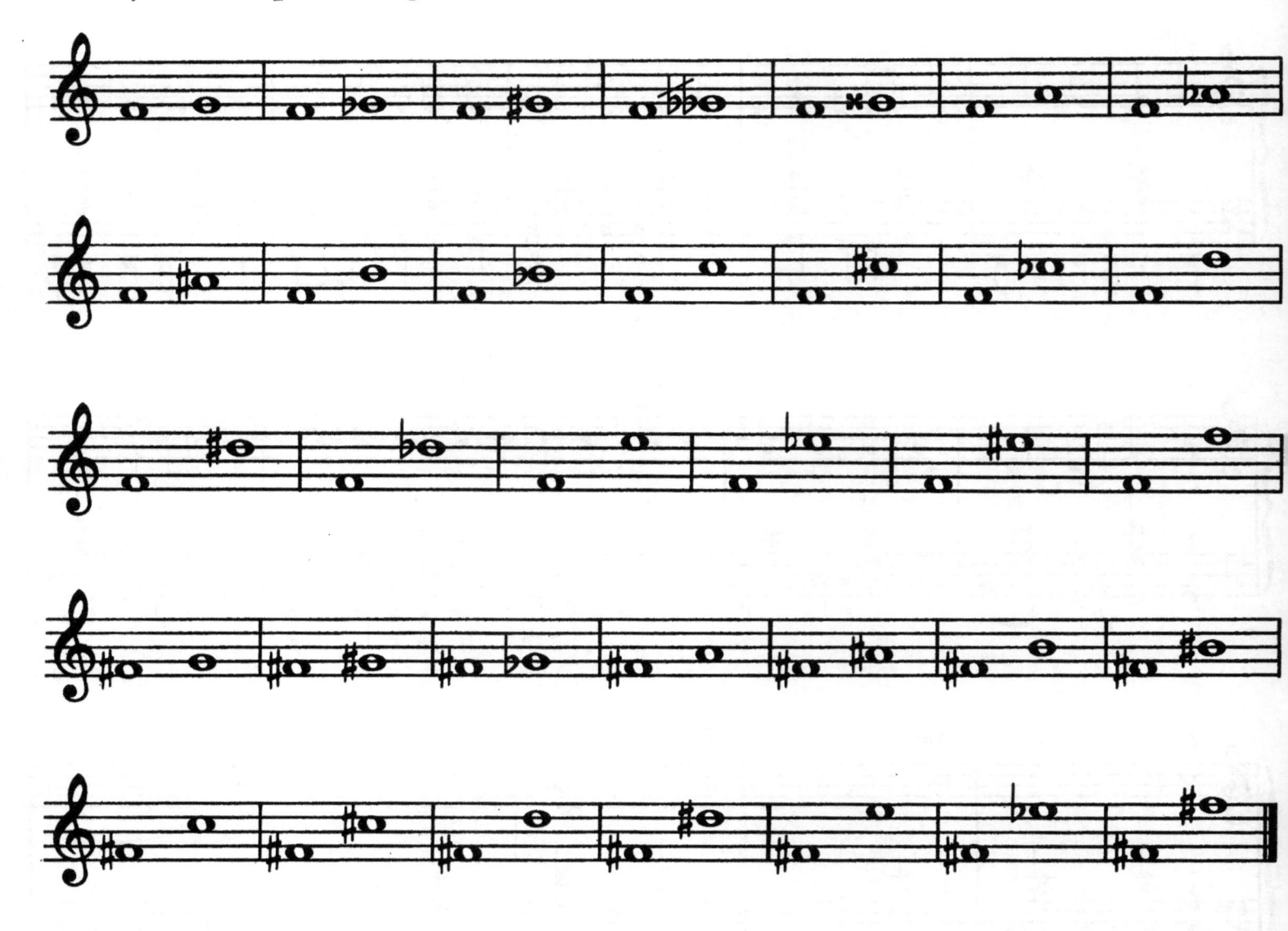

4) Construa os seguintes acordes em clave de Fá, em todas as inversões:

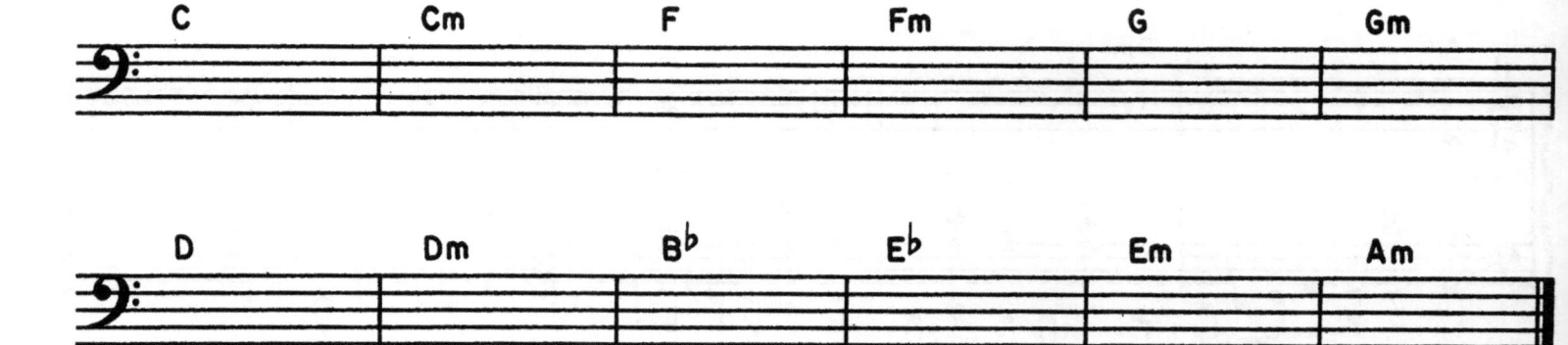

C   Cm   F   Fm   G   Gm

D   Dm   B♭   E♭   Em   Am

5) Transponha os 18 primeiros compassos da música "Diana" para uma quarta justa acima

6) Execute a seguinte seqüência rítmica:

Lição 7

I JUST CALLED TO SAY I LOVE YOU

REGISTRAÇÃO
T.S.: ....
T.I.: ....
Ped.: ....
Ritmo: ....
Efeitos: ....

Stevie Wonder

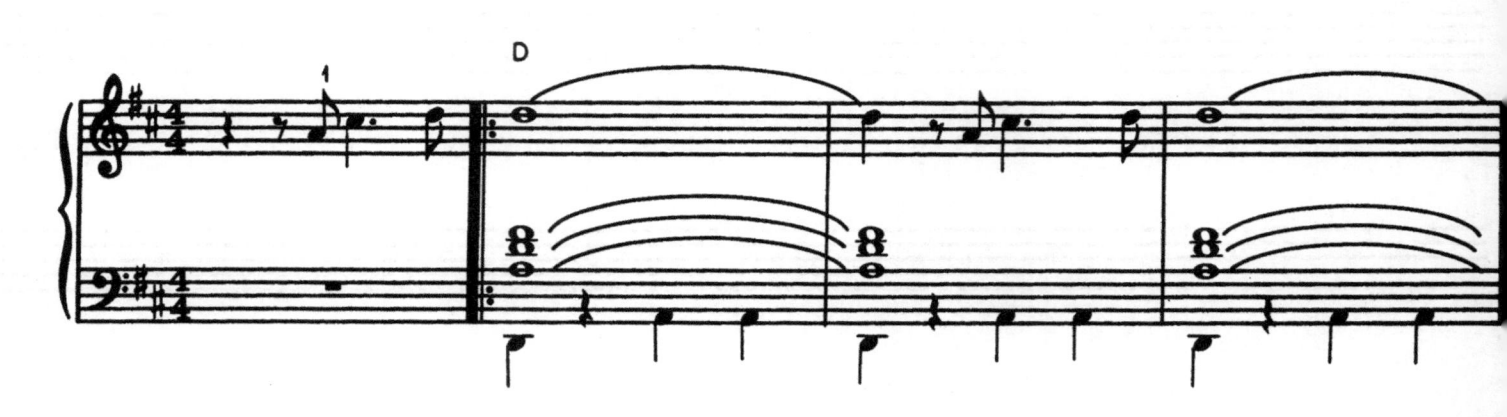

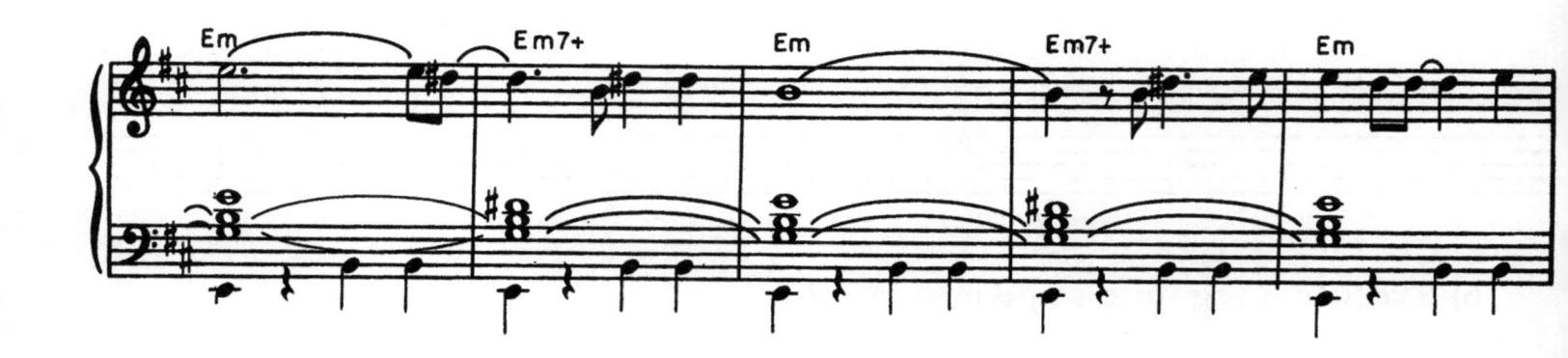

©Copyright 1984 by BLACK BULL MUSIC INC.
©Copyright Para o Brasil by EMI ODEON F.I.E. LTDA. (Divisão Itaipu)

OBSERVAR:

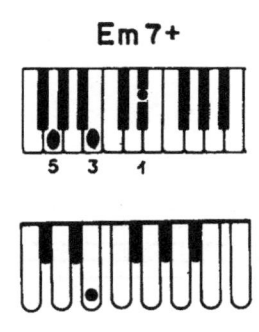

Acorde

Em7+

Exercícios aplicados à lição 7

1) Em que tonalidade está a lição 7?

2) Assinale os trechos onde temos síncope e contratempo.

3) Transponha as quatro primeiras pautas para uma 4ª justa acima. Qual é o novo tom? Transcreva o trecho transposto no novo tom e toque.

4) Escreva os seguintes acordes em clave de Sol, em posição fundamental:

| A7 | Am7 | B7 | Bm7 | Em7 |

| A♭7 | A♭m7 | B♭7 | B♭m7 | Fm7 |

| C7 | Cm7 | D7 | Dm7 | Gm7 |

5) Execute as seguintes seqüências rítmicas:

6) Ditado Melódico:

Lição 8
JESUS, ALEGRIA DOS HOMENS

REGISTRAÇÃO
T.S.:......................
T.I.:......................
Ped.:......................
Ritmo:..................
Efeitos:.................

J.S. Bach

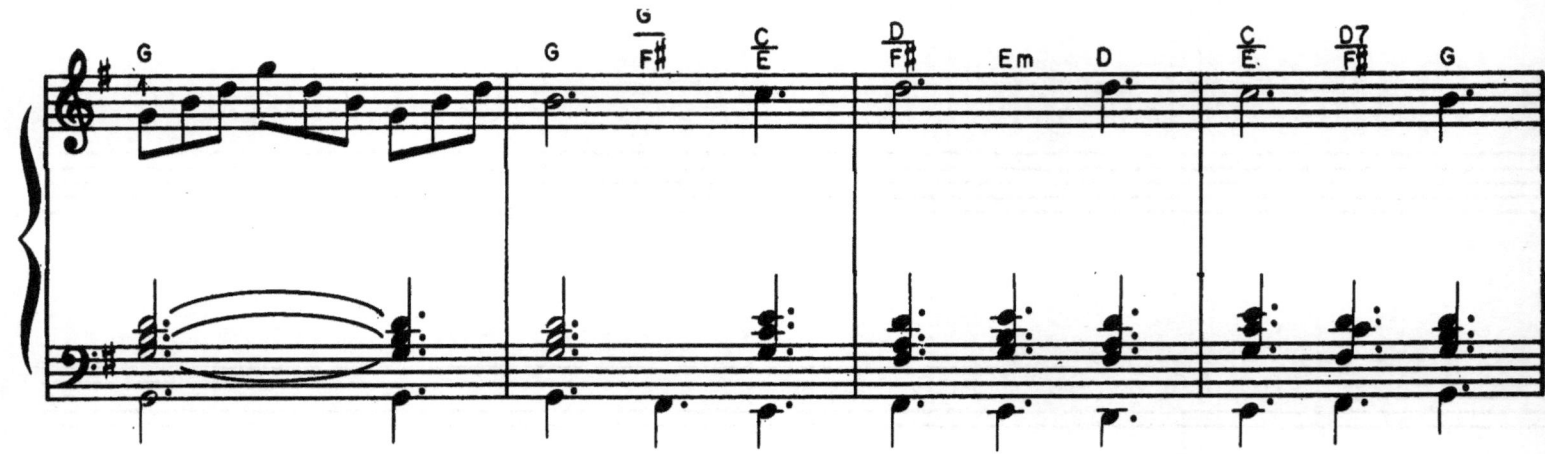

OBSERVAR:

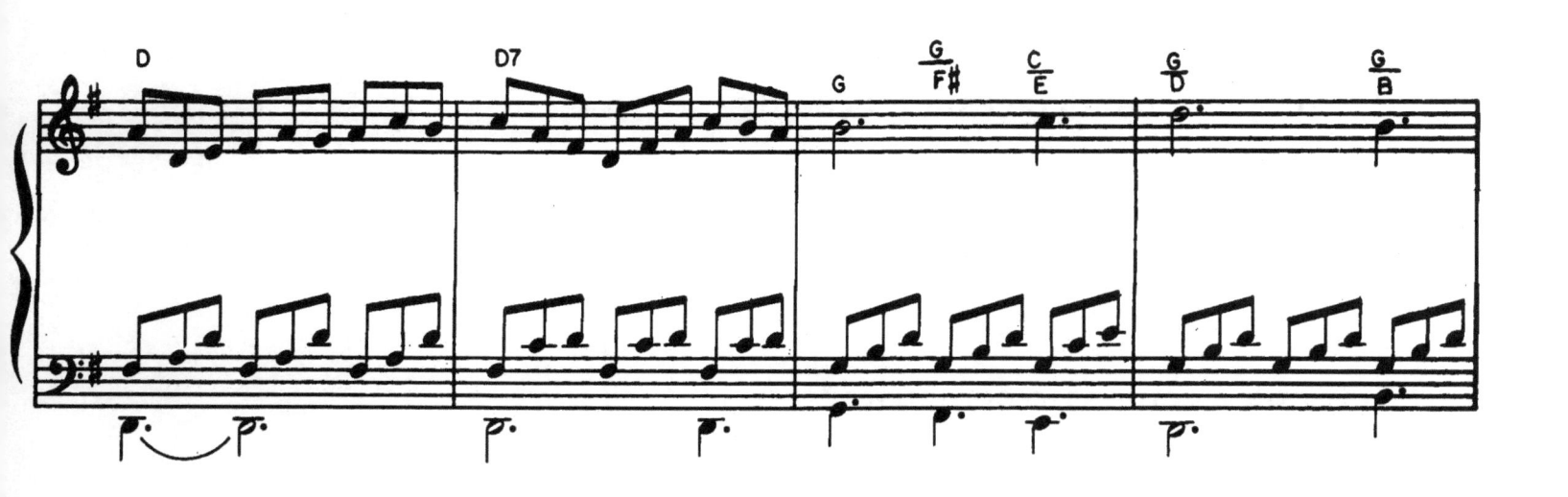

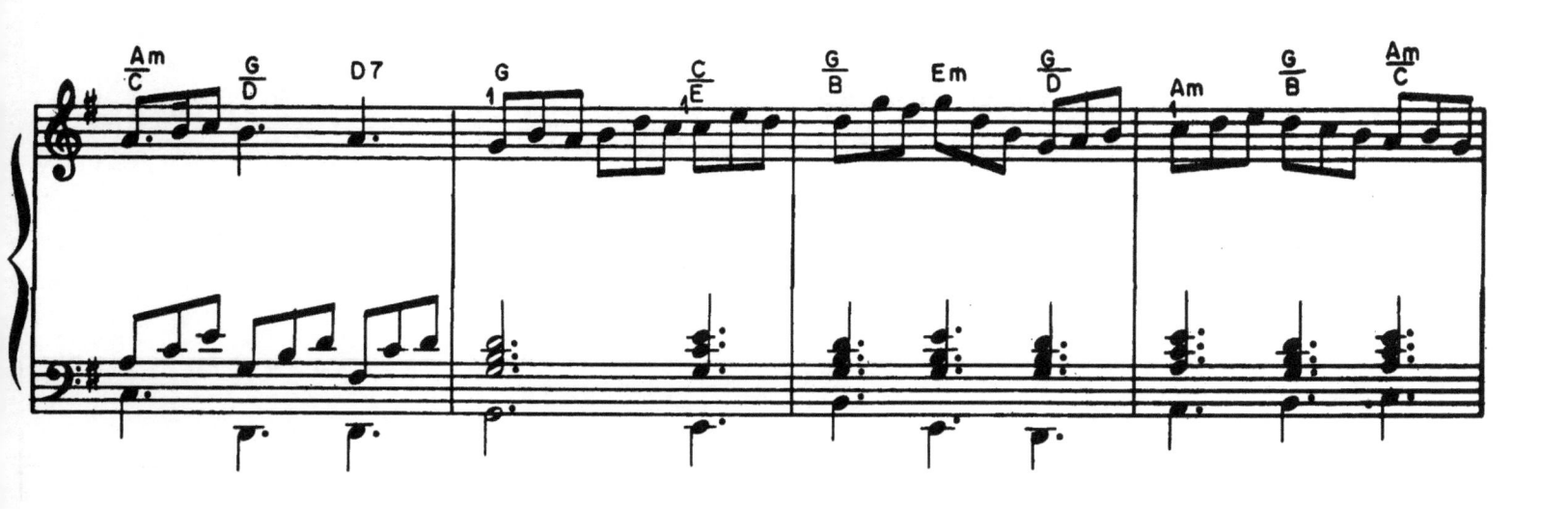

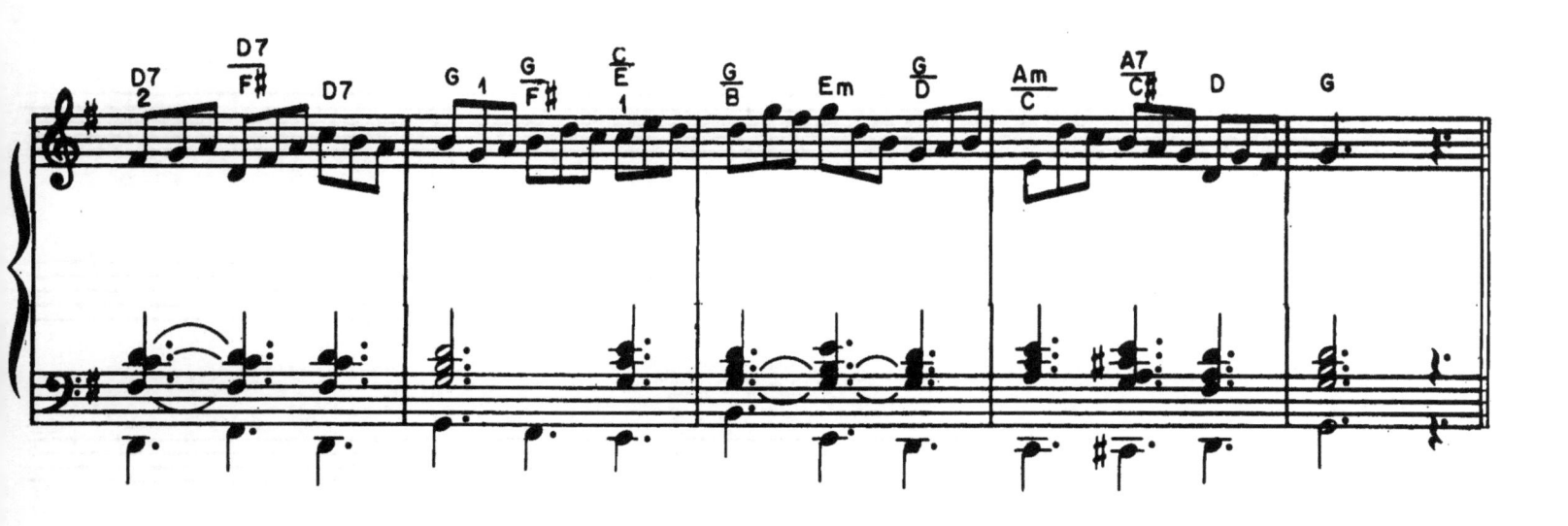

Compassos compostos

Exercícios aplicados à lição 8

1) Em que tonalidade está a lição 8?

2) Qual é a fórmula de compasso dessa música?

3) O que é compasso composto?

4) O que é unidade de tempo?

5) O que é unidade de compasso?

6) Ditado Rítmico:

7) Ditado Melódico:

8) Execute a seguinte seqüência rítmica:

Lição 9

SOMEWHERE IN TIME

REGISTRAÇÃO
T.S.:..................
T.I.: ....
Ped.: ....
Ritmo:..................
Efeitos: ....

John Barry

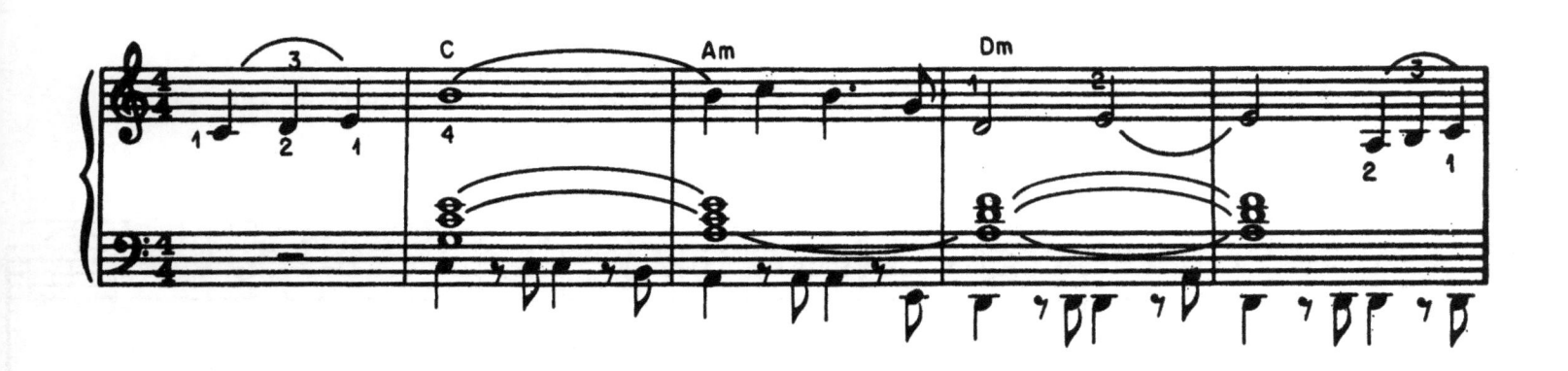

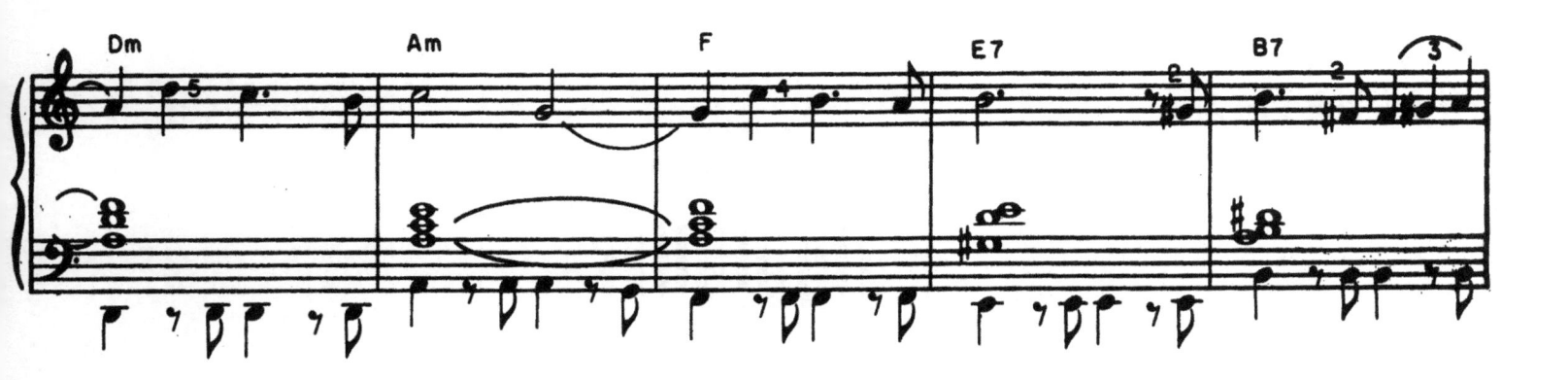

©Copyright 1980/1983 by DUCHESS MUSIC CORP
©Copyright Para o Brasil by MCA DO BRASIL EDITORA MUSICAL LTDA.

OBSERVAR:

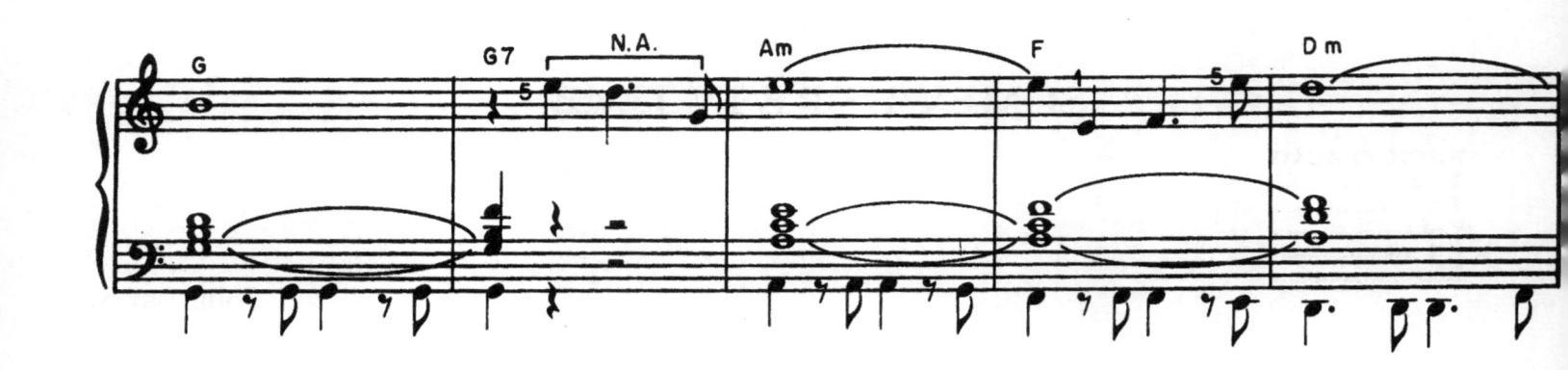

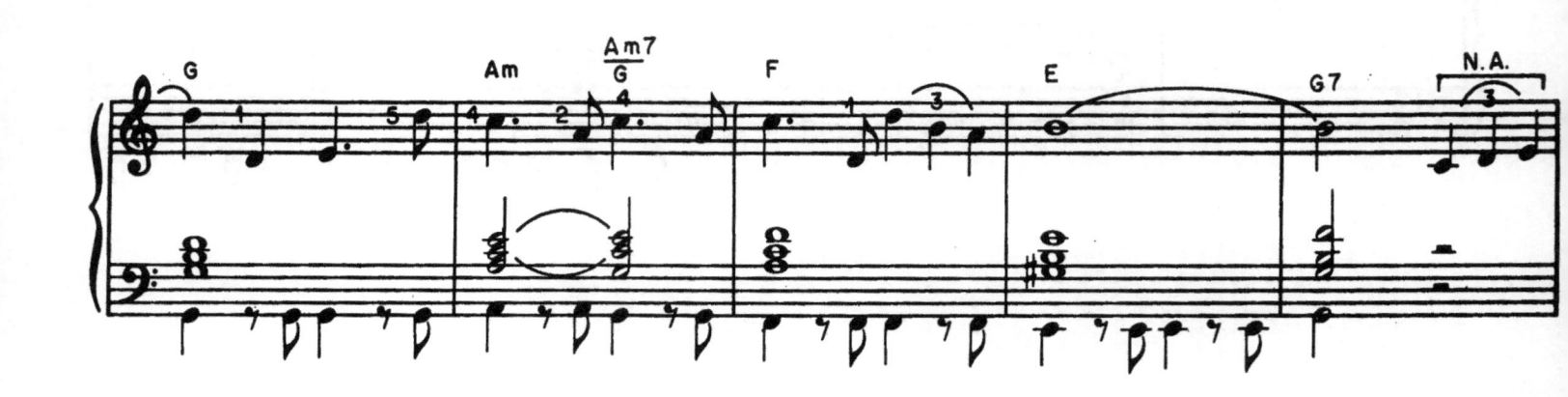

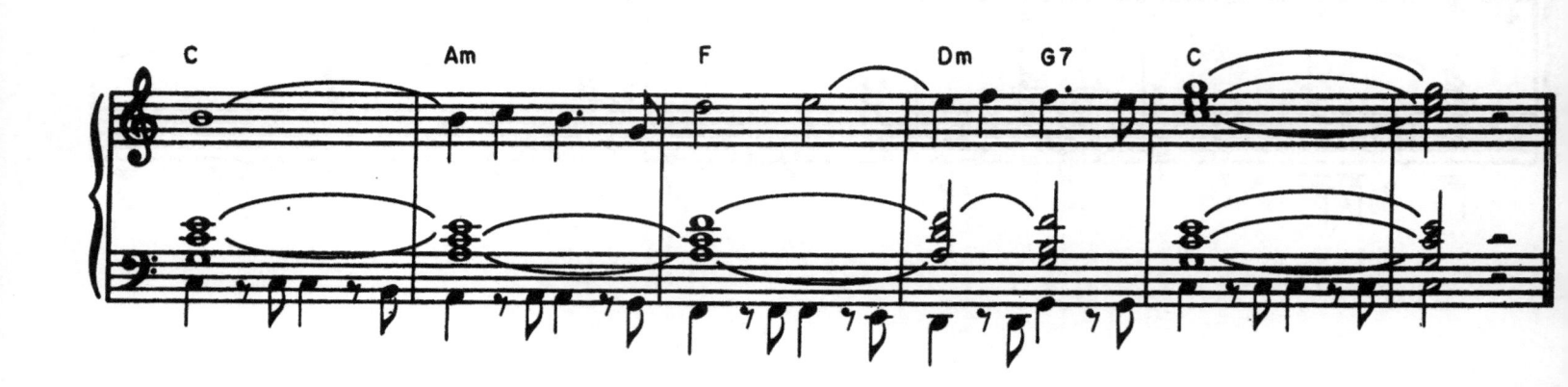

Acorde

Dm7

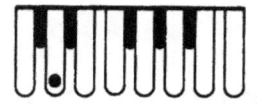

Exercícios aplicados à lição 9

1) Em que tonalidade está a lição 9?
2) O que são quiálteras ou grupos alterados?
3) O que significa 3 ou ⌐3¬ ? Como se chama?
4) O que significa 5 ou ⌐5¬ ? Como se chama?
5) Quantos tempos valem estes grupos:

6) Transponha os primeiros dezesseis compassos de "Somewhere In Time" para uma quinta justa acima. Qual será a nova tonalidade? Escreva e toque.

7) Execute as seguintes seqüências rítmicas:

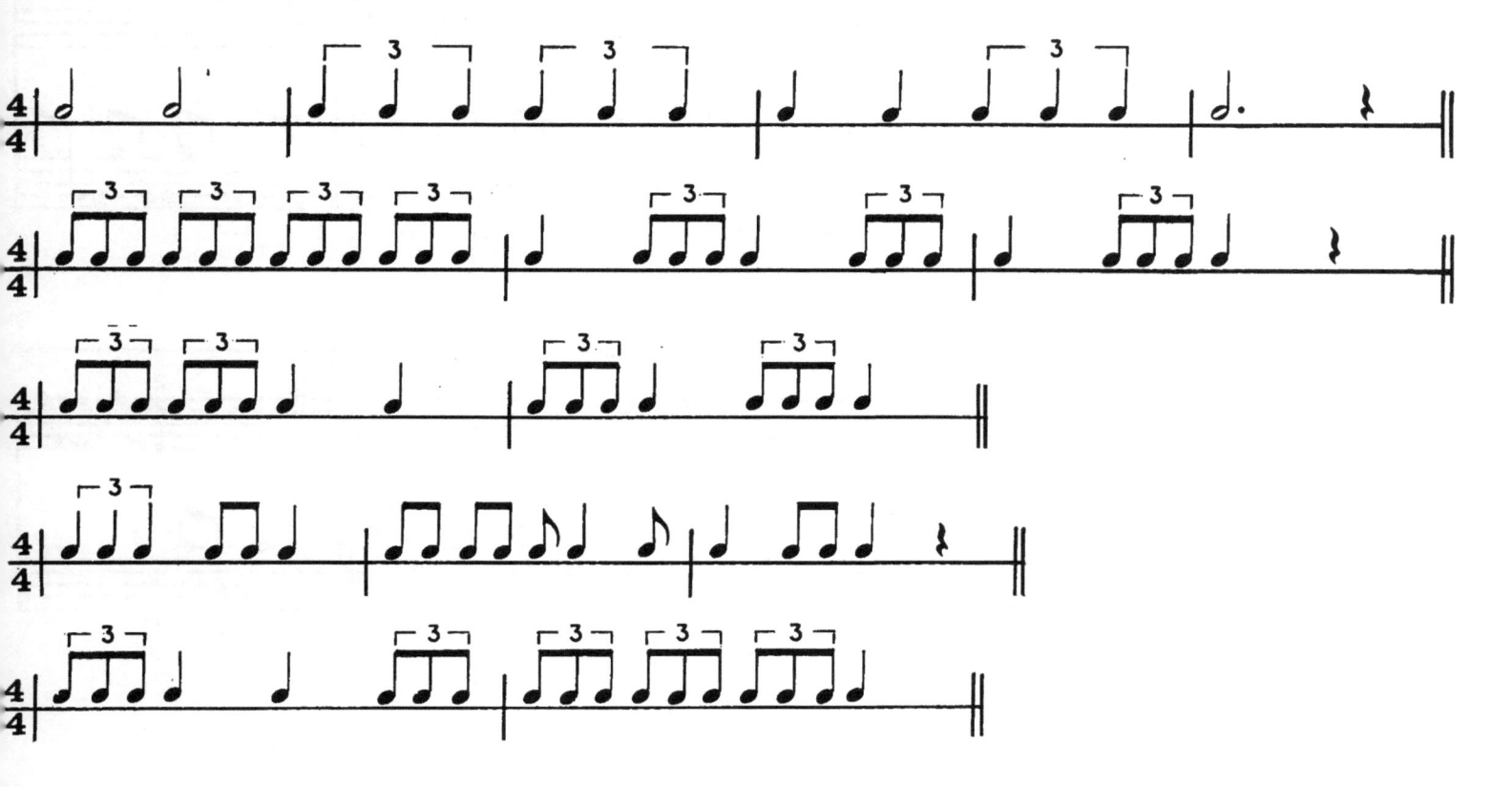

Lição 10

FOURTH RENDEZ VOUS

REGISTRAÇÃO
T.S.: ....
T.I.: ....
Ped.: ....
Ritmo: ....
Efeitos: ....

Jean Michel Jarrè

©Copyright by FRANCIS DREYFUS MUSIC.
©Copyright Para o Brasil by WARNER CHAPPELL EDIÇÕES MUSICAIS LTDA.

147

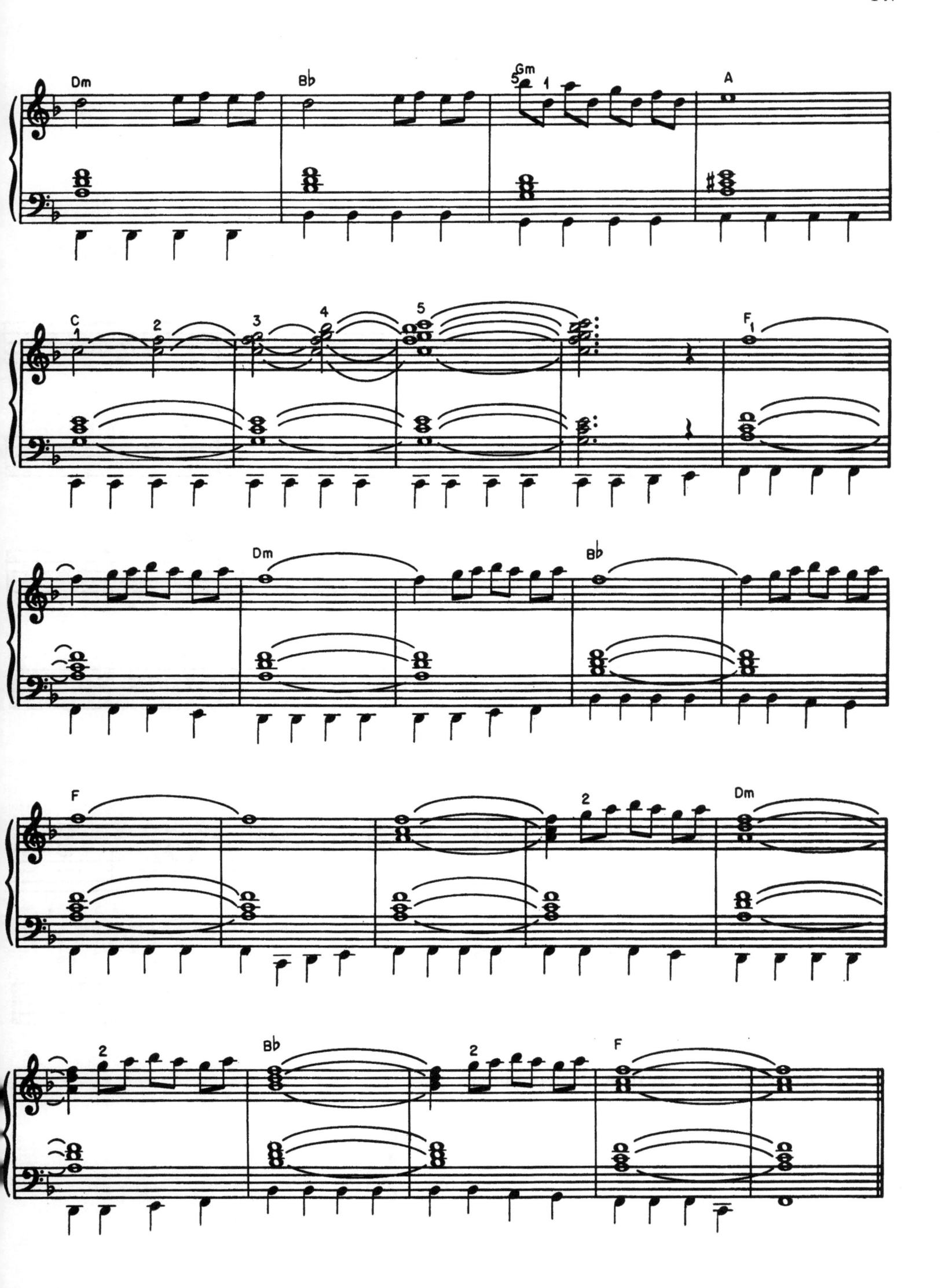

Exercícios aplicados à lição 10

1) Em que tonalidade está a lição 10?

2) Transponha a peça para Dó maior.

3) Construa os seguintes acordes em clave de fá, na posição de execução:

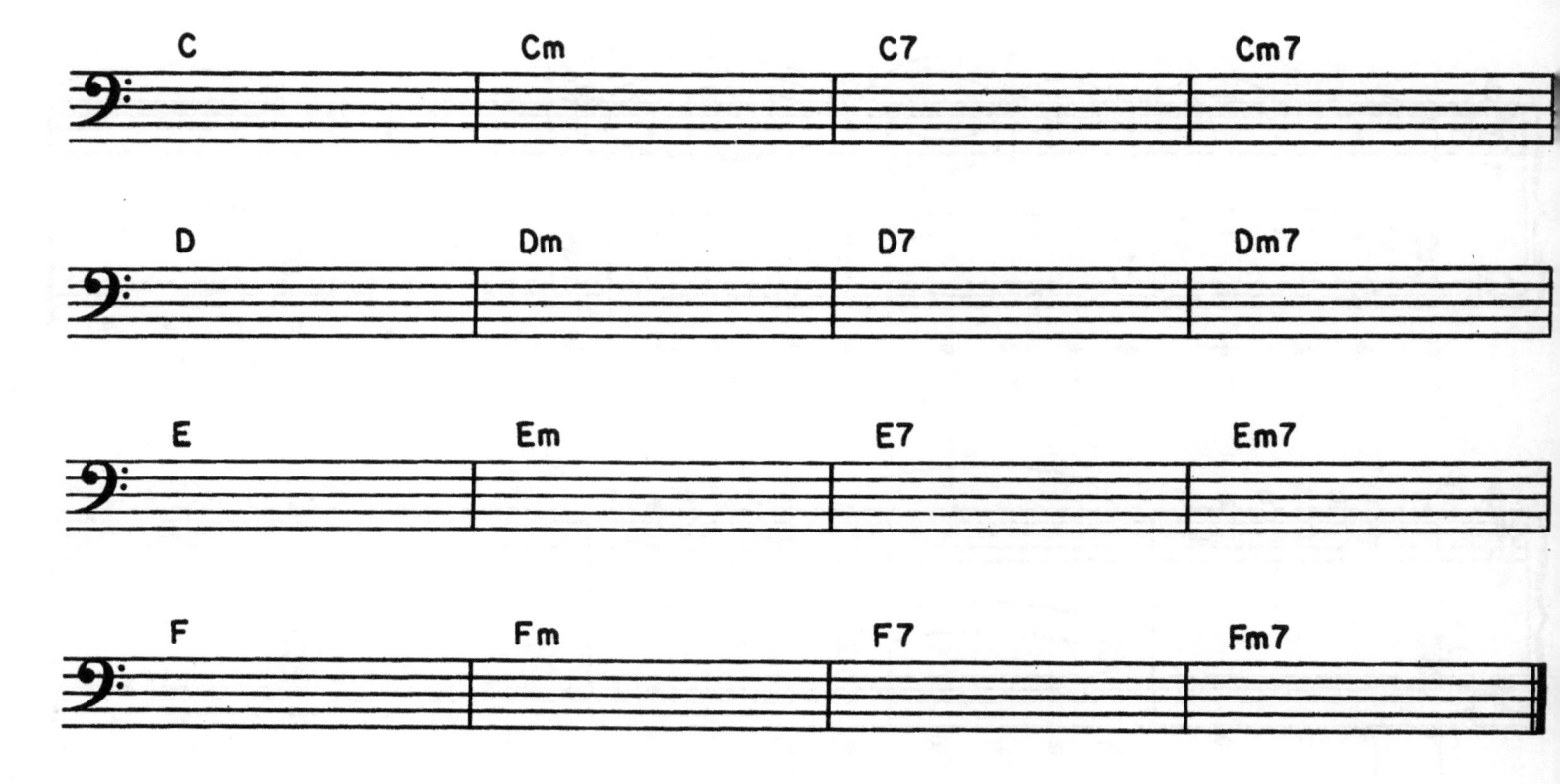

| C | Cm | C7 | Cm7 |

| D | Dm | D7 | Dm7 |

| E | Em | E7 | Em7 |

| F | Fm | F7 | Fm7 |

4) Identifique os seguintes acordes:

5) Analise os seguintes compassos:

$\dfrac{4}{16}$ $\qquad$ $\dfrac{5}{4}$

$\dfrac{4}{8}$ $\qquad$ $\dfrac{9}{16}$

Lição 11

MEMORY

REGISTRAÇÃO
T.S.: ....
T.I.: ....
Ped.: ....
Ritmo: ....
Efeitos: ....

Andrew Lloyd Webber, Trevor Nunn e T. S. Eliot

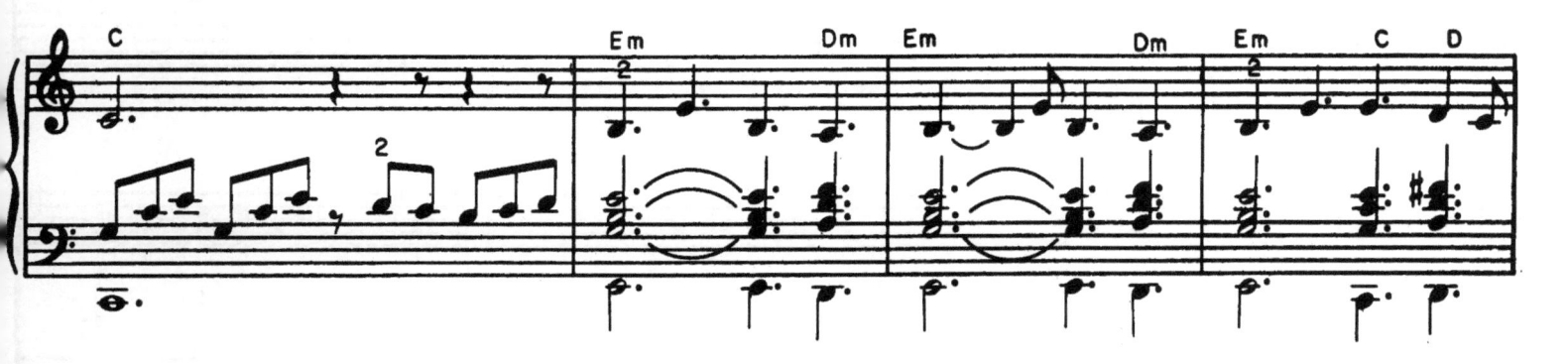

©Copyright 1981 by Thereally Useful Co. Ltd./Trevor Nunn/Set Copyright Ltd. Faber Music.
©Copyright Para o Brasil by Editora Musical "BMG ARABELLA" Ltda.

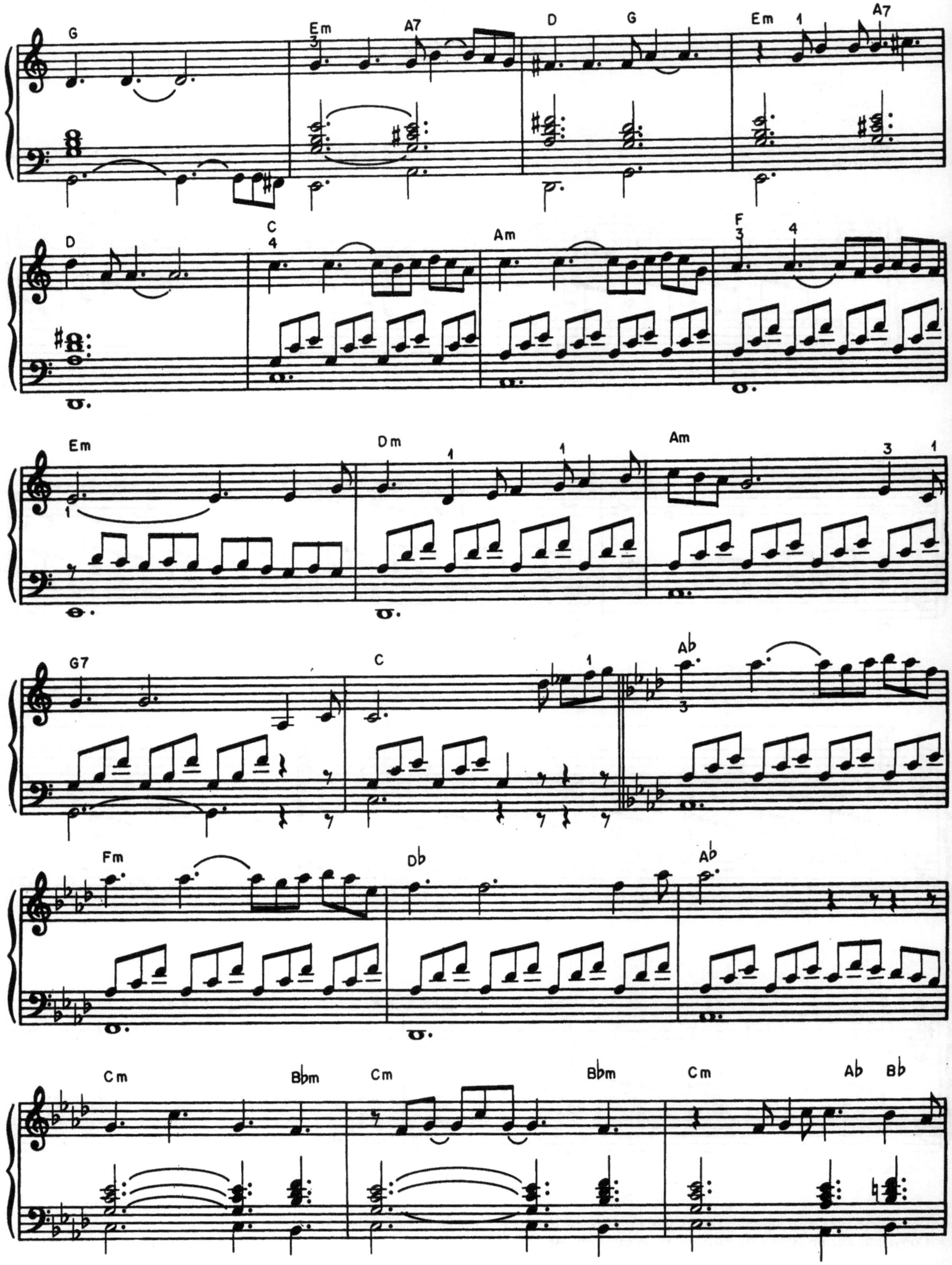
G Em A7 D G Em A7
D C Am F
Em Dm Am
G7 C Ab
Fm Db Ab
Cm Bbm Cm Bbm Cm Ab Bb

OBSERVAR: Acordes

F 7

B♭m

Exercícios aplicados à lição 11

1) Em que tonalidade está a lição 11?

2) Assinale os trechos onde temos síncope e contratempo.

3) Escreva e toque as seguintes escalas:

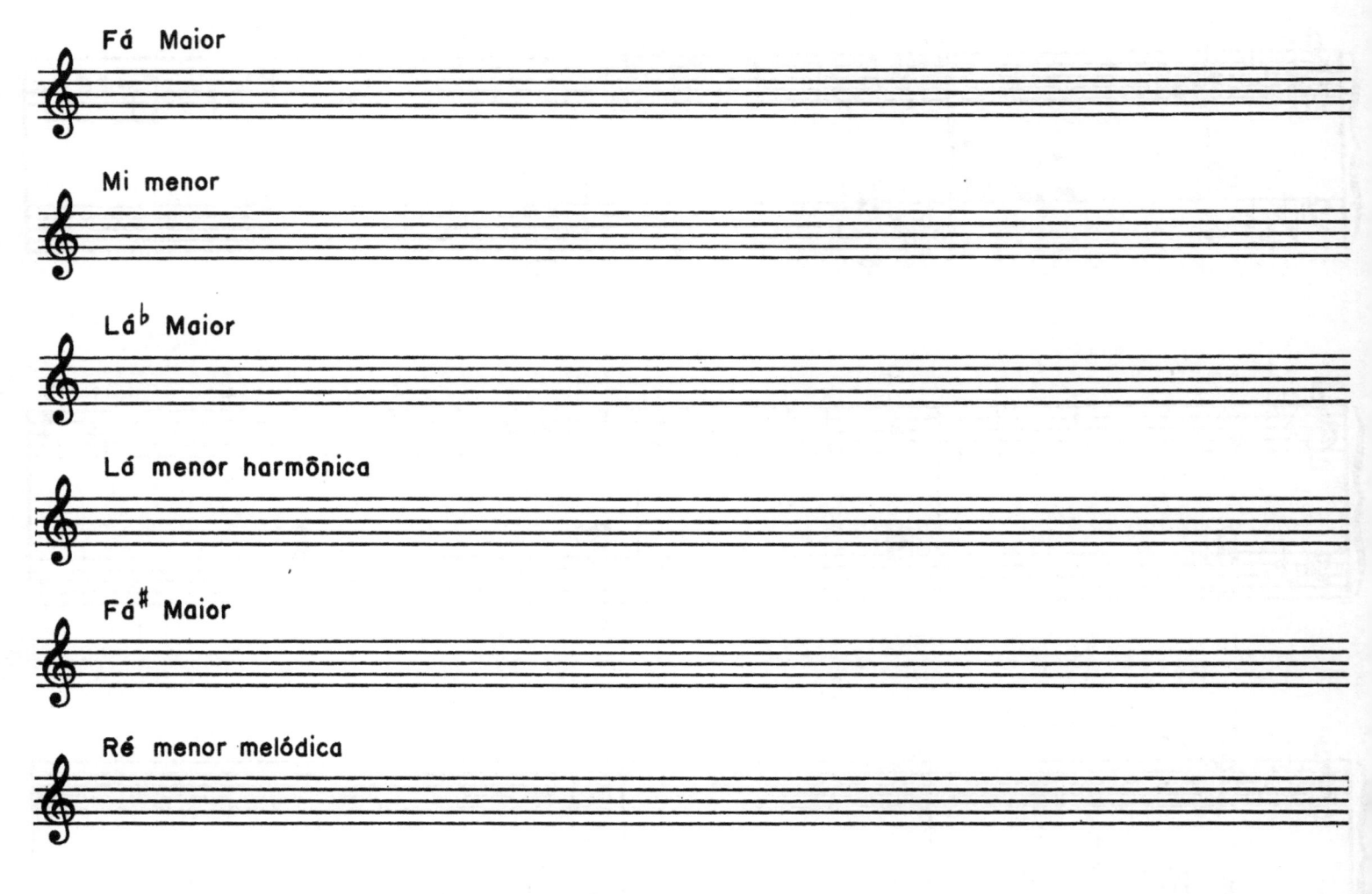

Fá Maior

Mi menor

Láb Maior

Lá menor harmônica

Fá# Maior

Ré menor melódica

4) Classifique os seguintes intervalos:

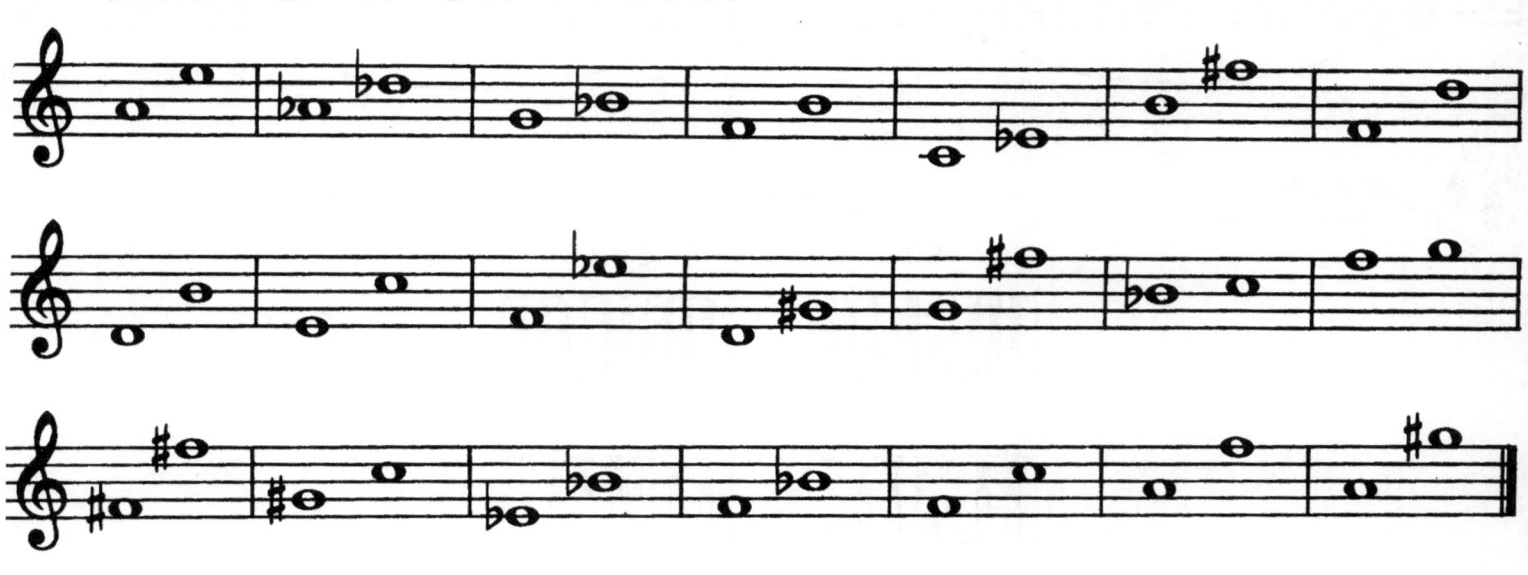

5) Execute as seguintes seqüências rítmicas:

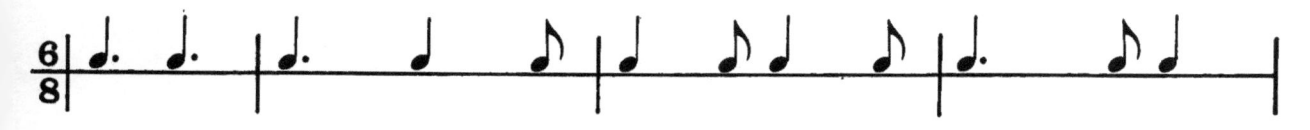

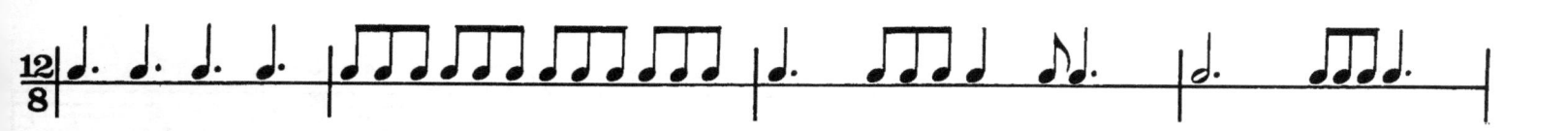

6) Ditado Melódico:

Lição 12

LA BAMBA

REGISTRAÇÃO
T.S.: ....
T.I.: ....
Ped.: ....
Ritmo: ....
Efeitos: ....

Tradicional

155

Exercícios aplicados à lição 12

1) Em que tonalidade está a lição doze?

2) Assinale os trechos onde temos síncope e contratempo.

3) Coloque cifras para os seguintes acordes em clave de fá:

4) Complete os seguintes intervalos:

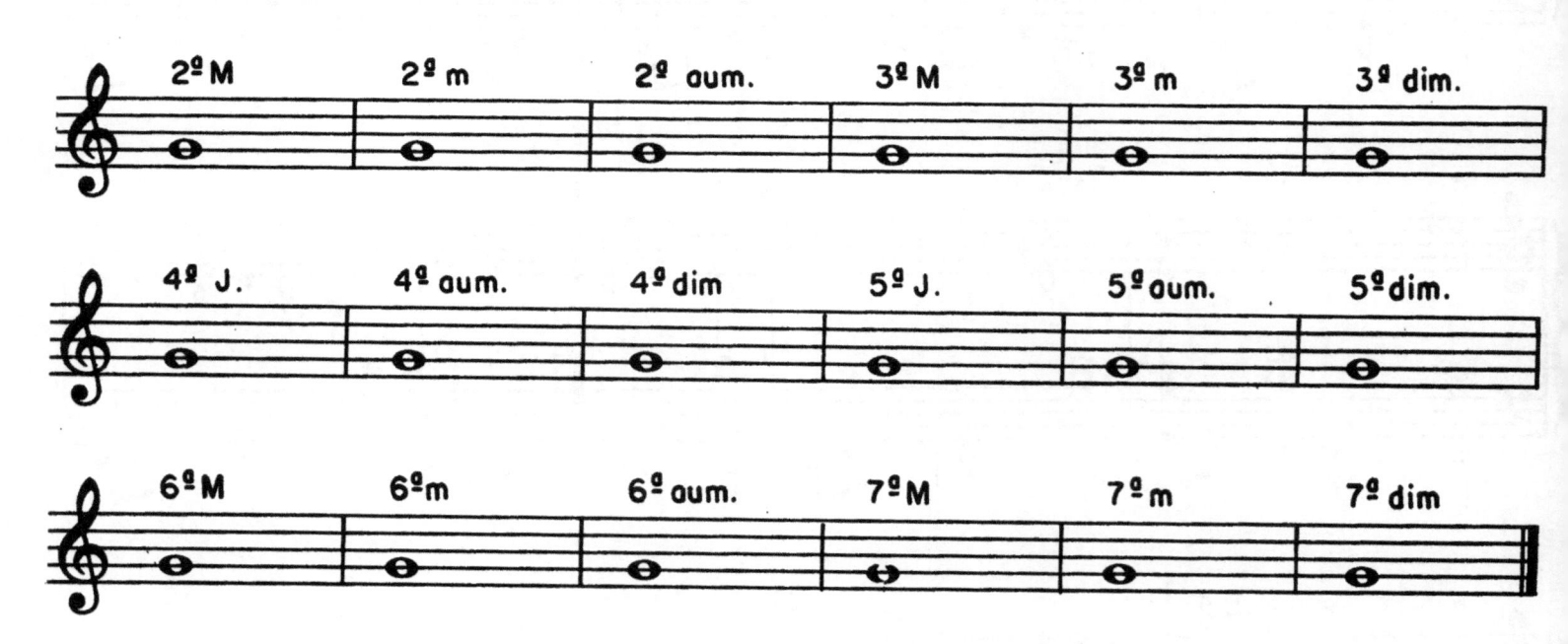

2ª M   2ª m   2ª aum.   3ª M   3ª m   3ª dim.

4ª J.   4ª aum.   4ª dim   5ª J.   5ª aum.   5ª dim.

6ª M   6ª m   6ª aum.   7ª M   7ª m   7ª dim

5) Execute a seguinte seqüência rítmica

CERTIFICADO DE CONCLUSÃO

*Certifico que...
concluiu satisfatoriamente o Estágio III de "Aprenda a Tocar" Órgão Eletrônico e Teclado de
Cristine Prado.*

.... , ... de .... de ....

....
(assinatura do professor)

REPERTÓRIO

CARNAVAL DE VENEZA

PADRÃO RÍTMICO

Folclore Italiano

PEIXE VIVO

PADRÃO RÍTMICO

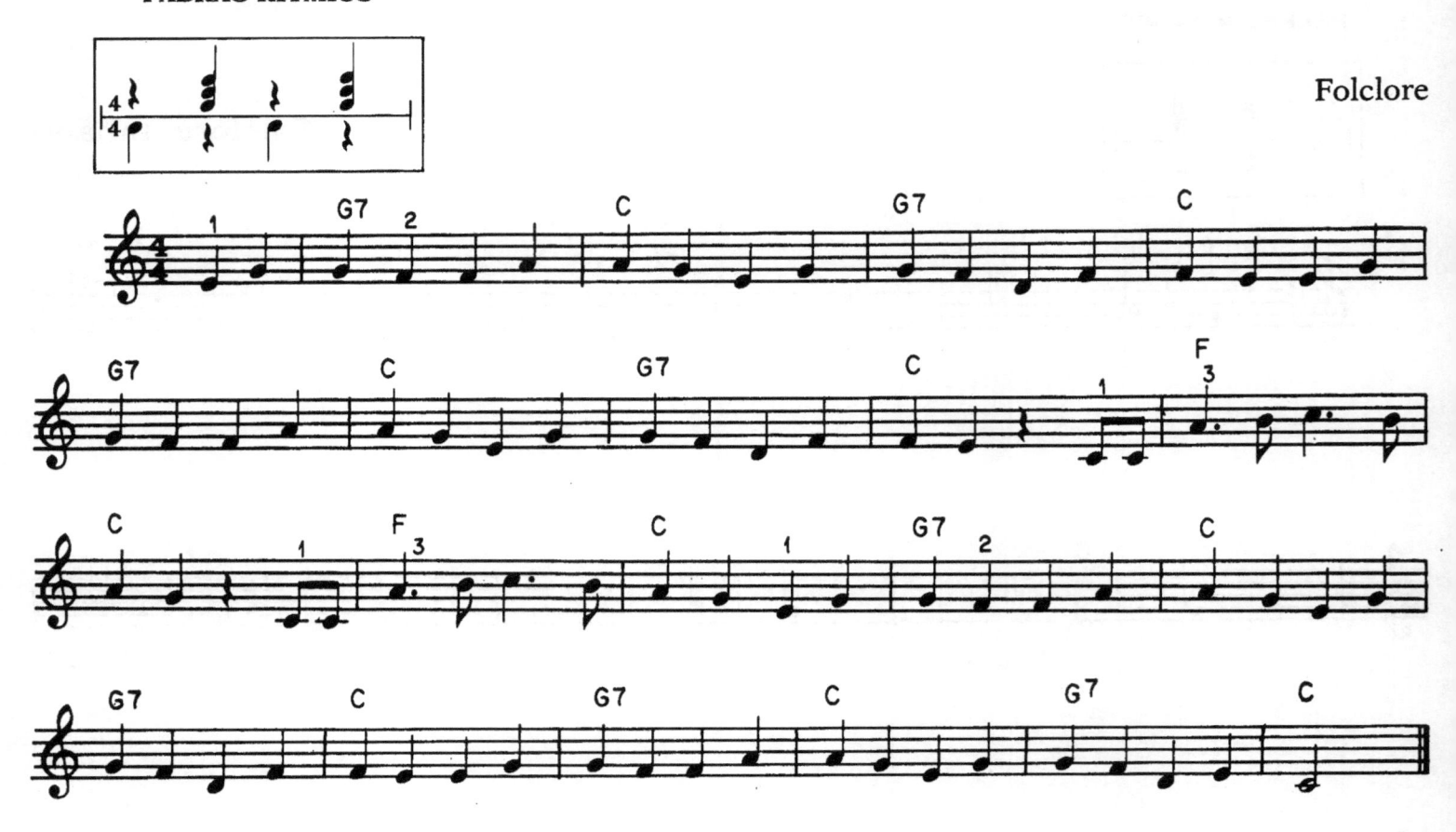

Folclore

MARCHA SOLDADO

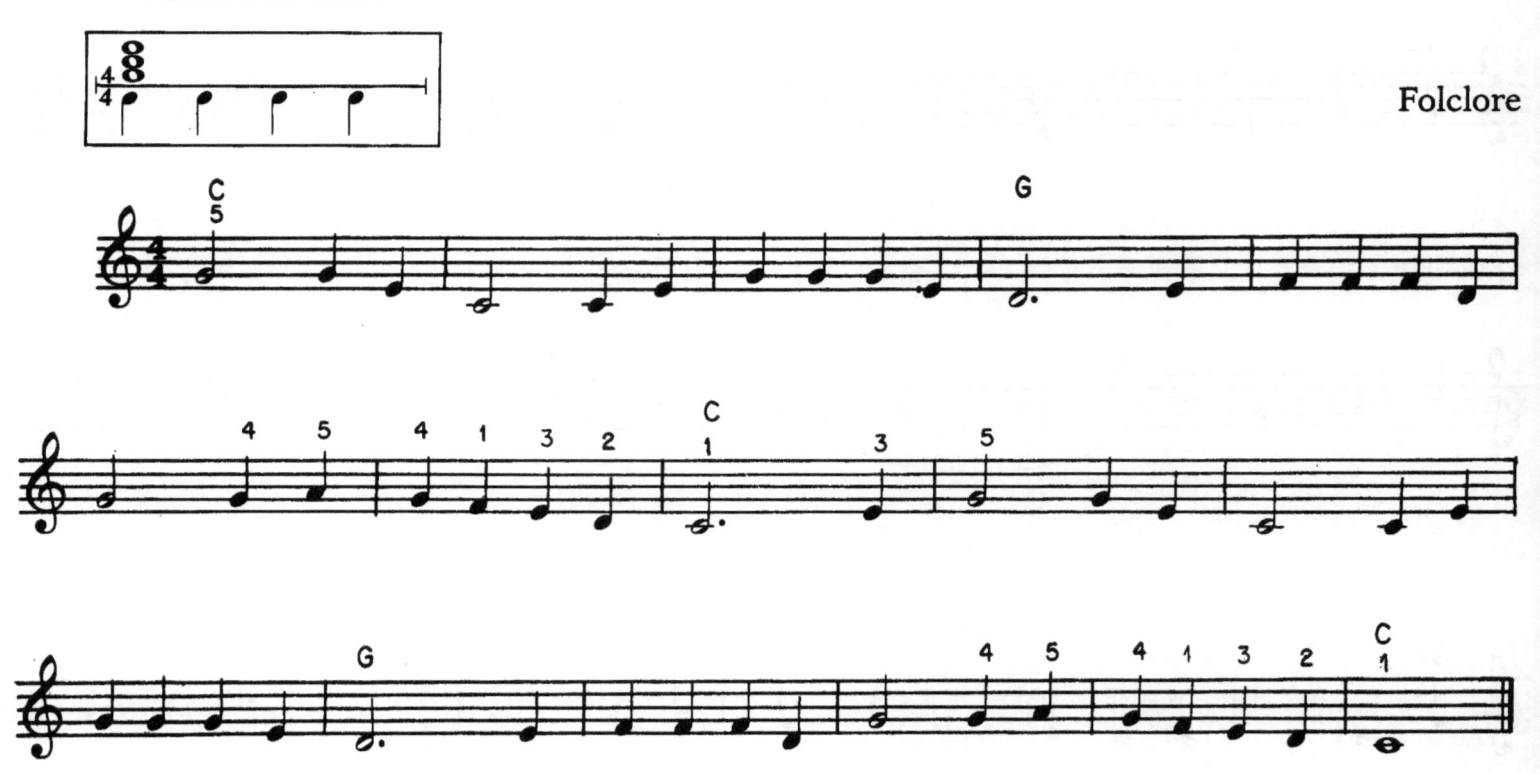

PADRÃO RÍTMICO

Folclore

ALOHA OE

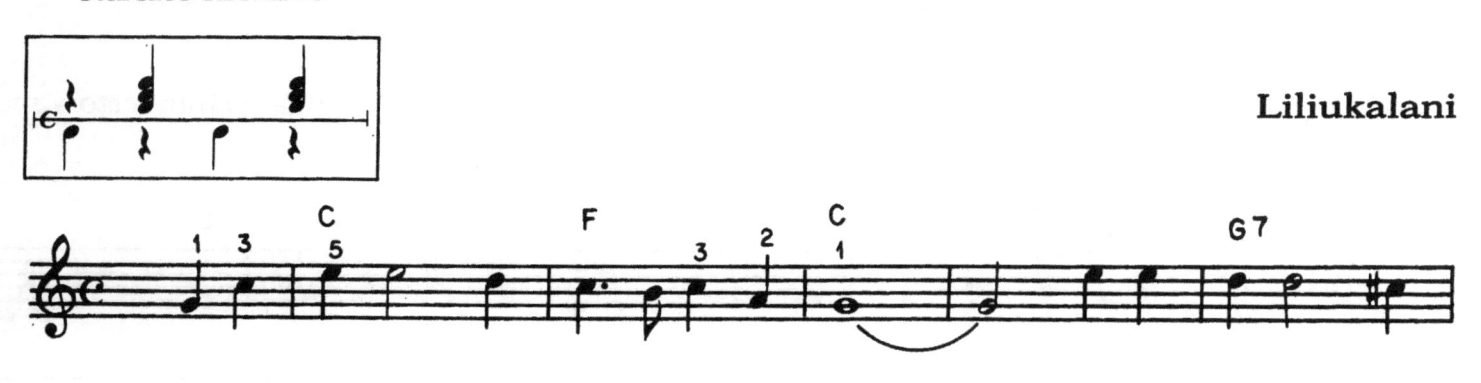

PADRÃO RÍTMICO

Liliukalani

ASA BRANCA

PADRÃO RÍTMICO

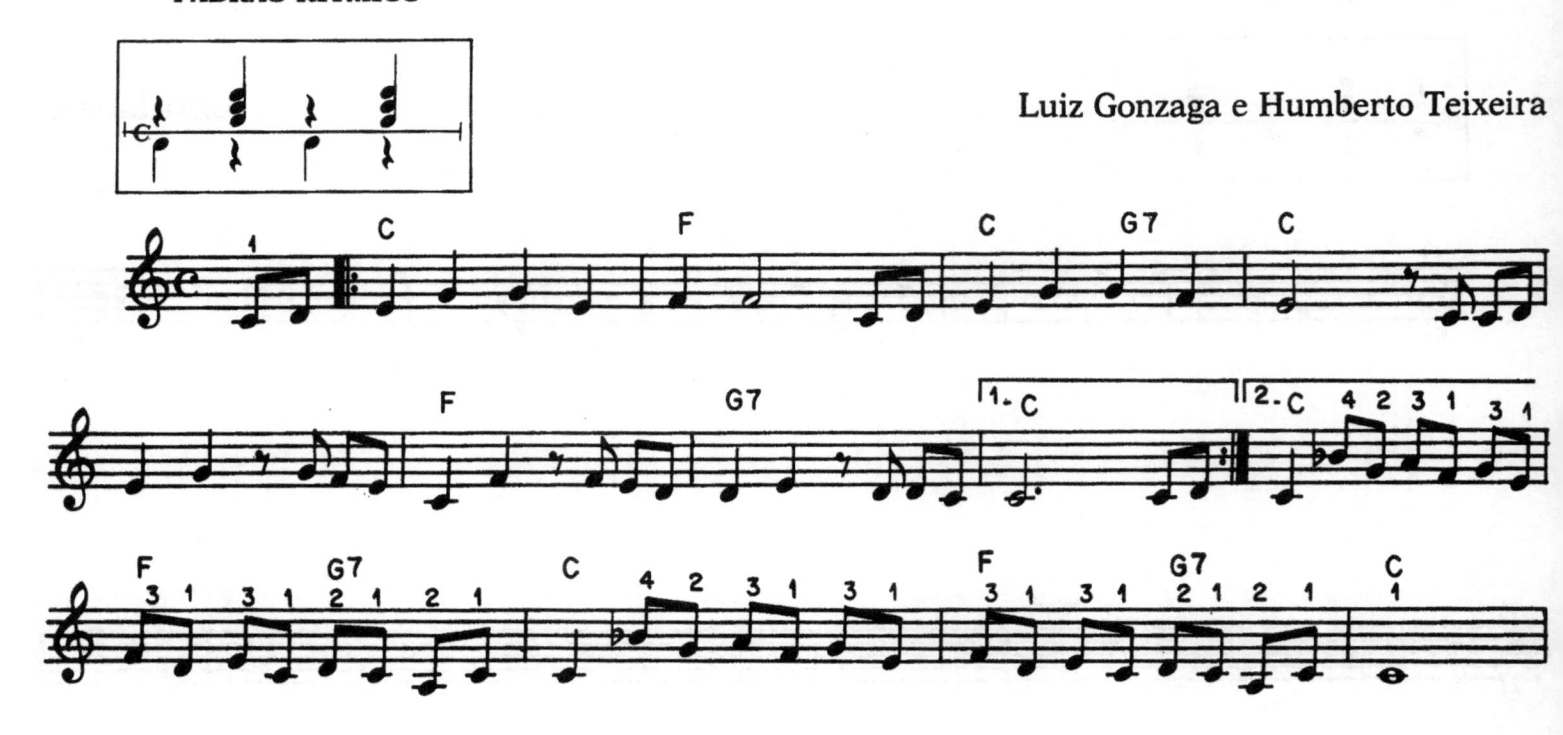

Luiz Gonzaga e Humberto Teixeira

©Copyright 1947 by RIO MUSICAL LTDA.

NOITE FELIZ

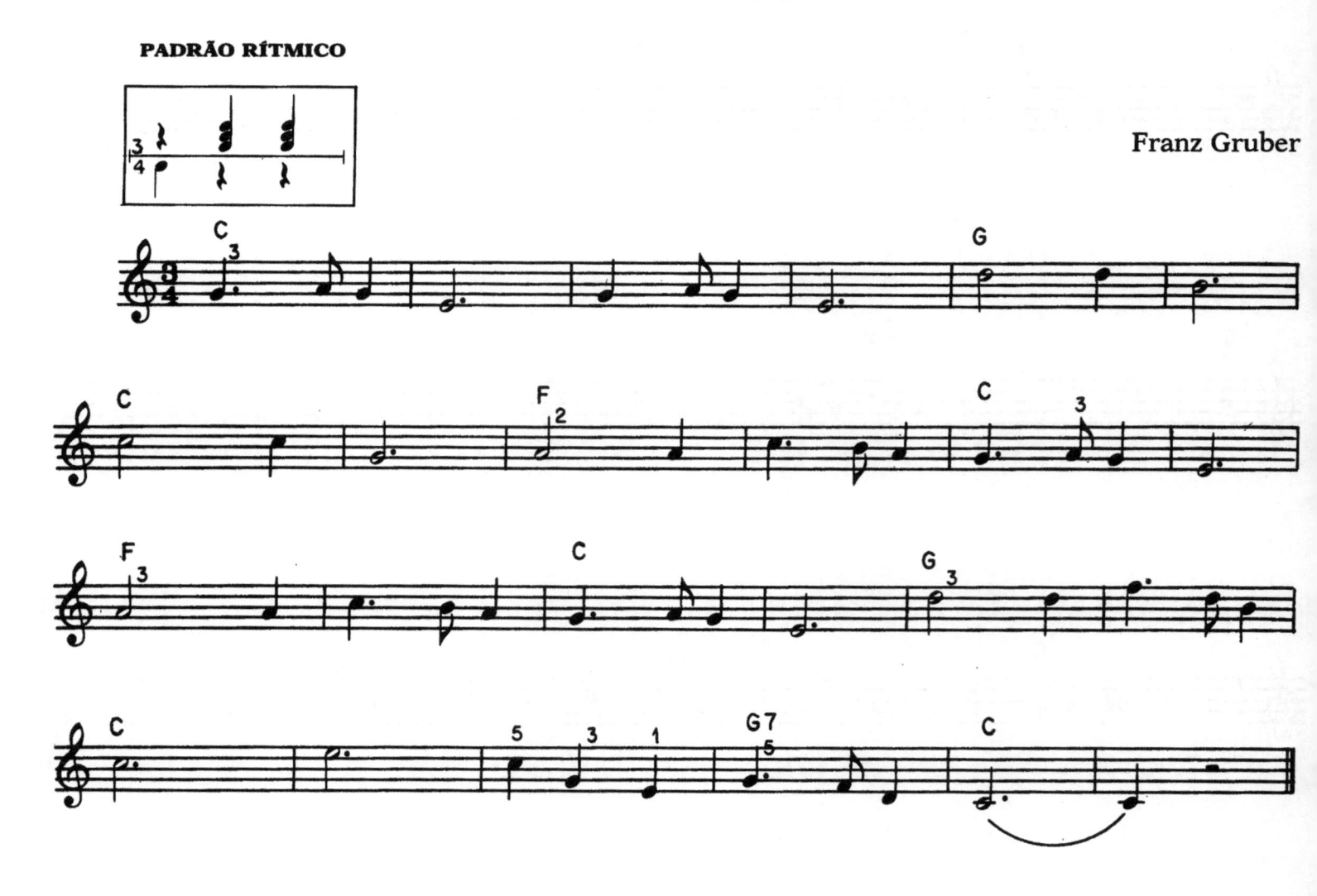

PADRÃO RÍTMICO

Franz Gruber

JINGLE BELLS

PADRÃO RÍTMICO

J. Pierpont

LA CUMPARSITA

PADRÃO RÍTMICO

G. H. Matos Rodriguez

©Copyright by Ricordi & Cia./Musicalia S/A Cultural Musical
RICORDI BRASILEIRA LTDA.

WHITE CHRISTMAS

Irving Berlin

VASSOURINHA

Matias da Rocha e Joana Batista Ramos

© Copyright 1953 by IRMÃOS VITALE S/A. Ind. e Com. - São Paulo - Rio de Janeiro - Brasil
Todos os direitos autorais reservados para todos os países - All Rights Reserved

MICHAEL ROW THE BOAT ASHORE

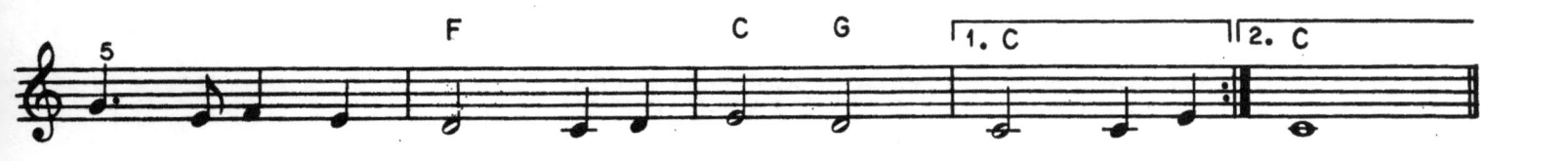

Folclore

SINGING IN THE RAIN

PADRÃO RÍTMICO

Nacio Herb Brown e Arthur Fred

©Copyright 1929/1957 by EMI ROBBINS MUSIC/EMI CATALOGUE PARTNERSHIP INC.
©Copyright Para o Brasil by EMI SONGS DO BRASIL EDIÇÕES MUSICAIS LTDA.

SOLAMENTE UNA VEZ

Agustin Lara

TRISTESSE

F. Chopin

AUTUMN LEAVES

PADRÃO RÍTMICO

Joseph Kosma, Jacques Prevert e Johnny Mercer

©Copyright 1947/1950 by ENOCH & CIA.
©Copyright Para o Brasil by FERMATA DO BRASIL LTDA.

MOON RIVER

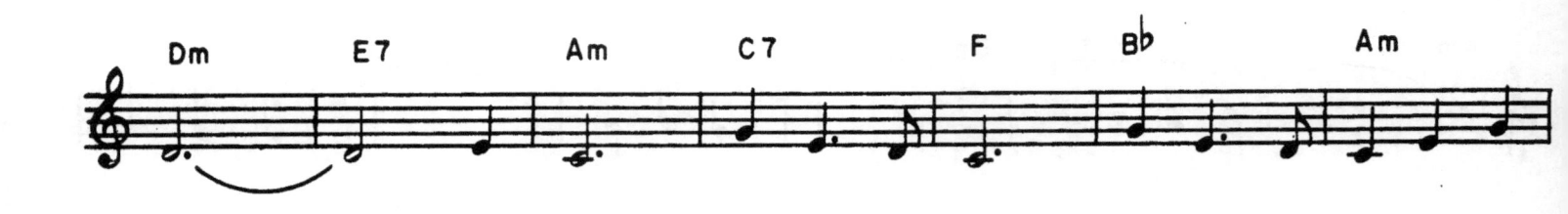

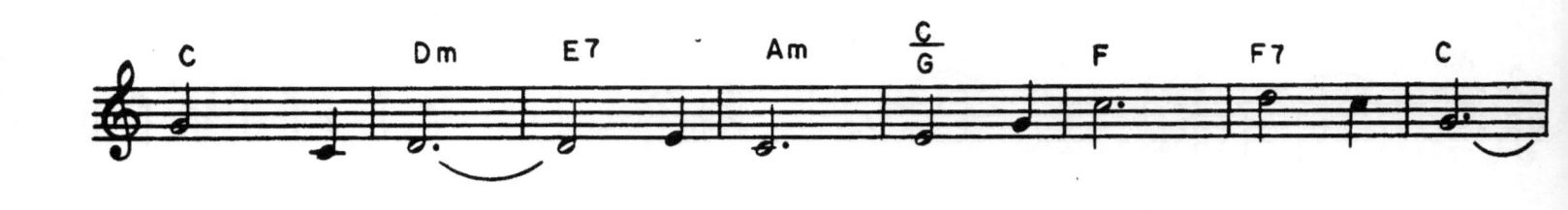

PADRÃO RÍTMICO

Henry Mancini e Johnny Mercer

©Copyright 1951 by FAMOUS MUSIC CORP.
©Copyright Para o Brasil by WARNER CHAPPELL EDIÇÕES MUSICAIS LTDA.

TEMA DE LARA

Maurice Jarrè e Paul Francis Webster

PADRÃO RÍTMICO

© Copyright 1966/1971 by EMI ROBBINS MUSIC CORP/EMI CATALOGUE PARTNERSHIP INC.
© Copyright Para o Brasil by EMI SONGS DO BRASIL EDIÇÕES MUSICAIS LTDA.

AS PASTORINHAS

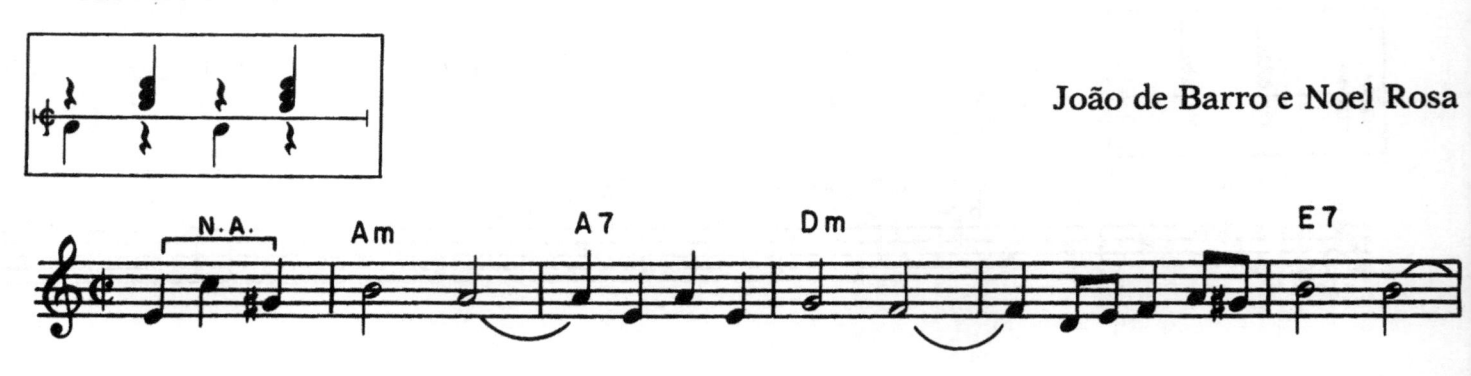

João de Barro e Noel Rosa

© Copyright 1937 by MANGIONE, FILHOS & CIA. LTDA.

FRENESI

Alberto Dominguez

LOVE IS A MANY SPLENDORED THING

PADRÃO RÍTMICO

Sammy Fain e Paul Francis Webster

©Copyright 1965/1968 by EMI ROBBINS MUSIC/EMI CATALOGUE PARTNERSHIP INC.
©Copyright Para o Brasil by EMI SONGS DO BRASIL EDIÇÕES MUSICAIS LTDA.

GUERRA NAS ESTRELAS

J. Williams

PADRÃO RÍTMICO

©Copyright by TAMERLANE PUBL. CORP/BANTHA MUSIC.
©Copyright Para o Brasil WARNER CHAPPELL EDIÇÕES MUSICAIS LTDA.

PERFÍDIA

Alberto Dominguez

EU E A BRISA

Johnny Alf

PADRÃO RÍTMICO

GOLPE DE MESTRE

Scott Joplin

PADRÃO RÍTMICO

HERE, THERE AND EVERYWHERE

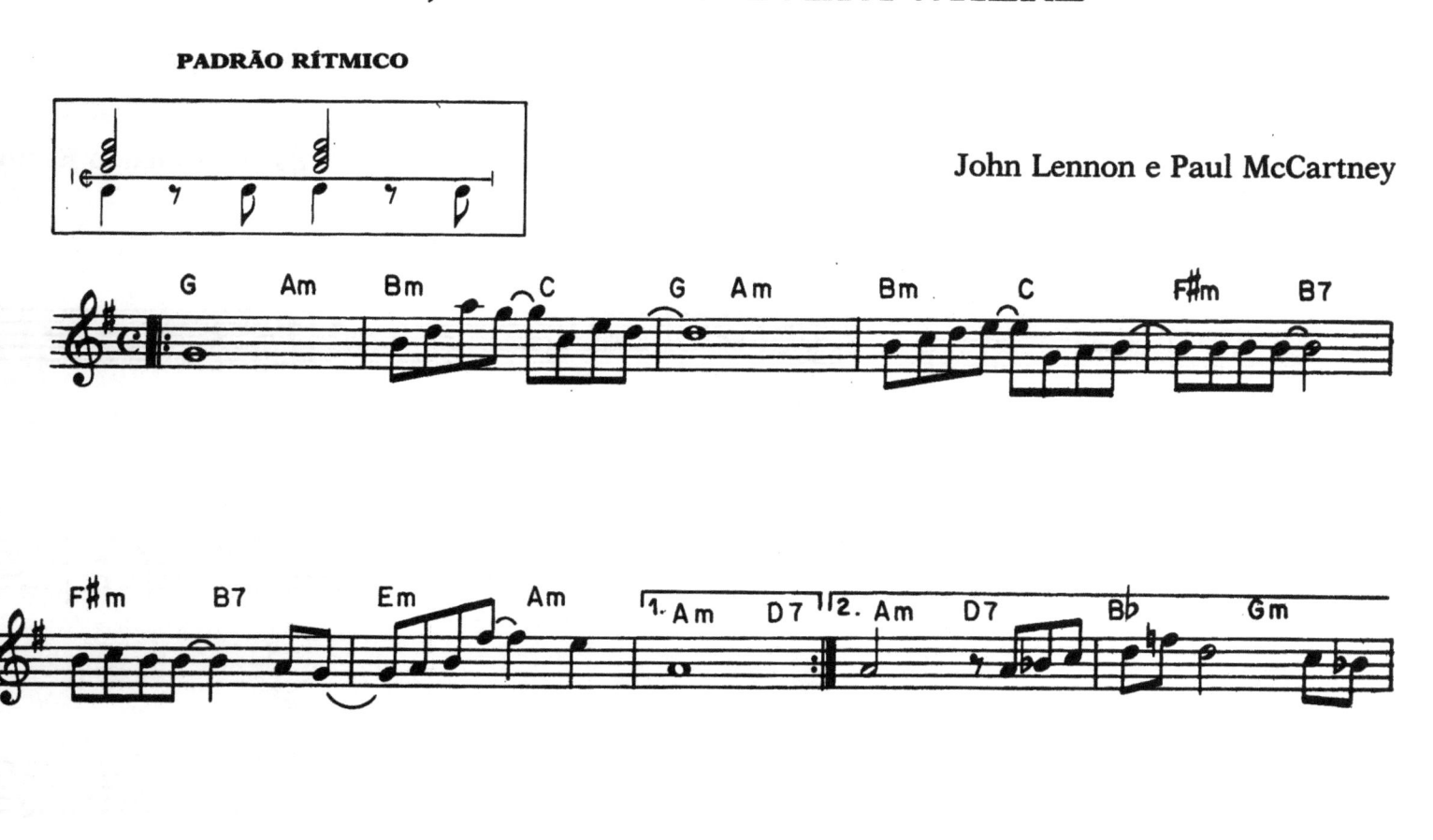

PADRÃO RÍTMICO

John Lennon e Paul McCartney

CHUVA DE PRATA

Ed Wilson e Ronaldo Bastos

YOU NEEDED ME

Randy Goodrum

Quadro de Acordes

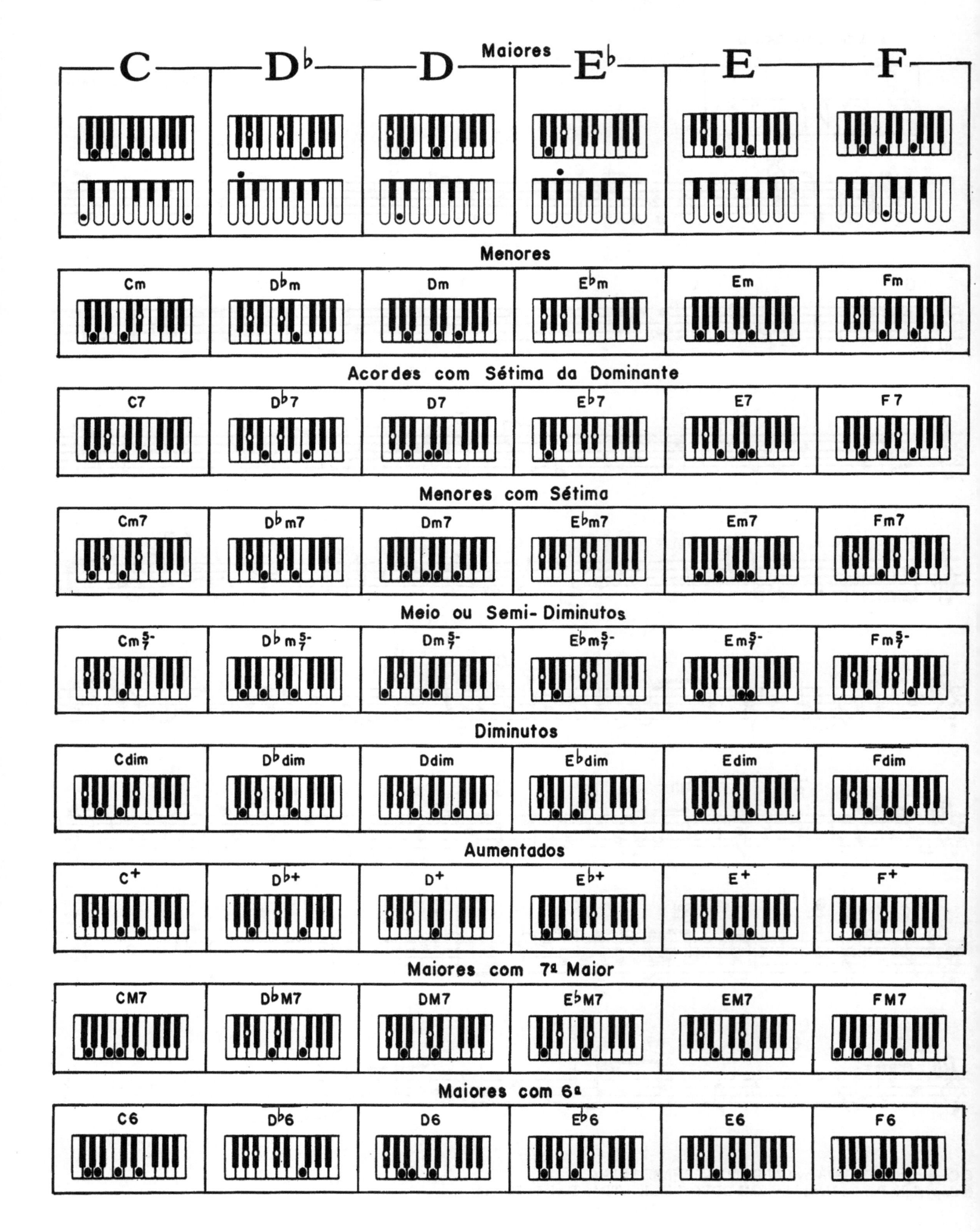

Maiores

| C | D♭ | D | E♭ | E | F |

Menores

| Cm | D♭m | Dm | E♭m | Em | Fm |

Acordes com Sétima da Dominante

| C7 | D♭7 | D7 | E♭7 | E7 | F7 |

Menores com Sétima

| Cm7 | D♭m7 | Dm7 | E♭m7 | Em7 | Fm7 |

Meio ou Semi-Diminutos

| Cm$\frac{5-}{7}$ | D♭m$\frac{5-}{7}$ | Dm$\frac{5-}{7}$ | E♭m$\frac{5-}{7}$ | Em$\frac{5-}{7}$ | Fm$\frac{5-}{7}$ |

Diminutos

| Cdim | D♭dim | Ddim | E♭dim | Edim | Fdim |

Aumentados

| C+ | D♭+ | D+ | E♭+ | E+ | F+ |

Maiores com 7ª Maior

| CM7 | D♭M7 | DM7 | E♭M7 | EM7 | FM7 |

Maiores com 6ª

| C6 | D♭6 | D6 | E♭6 | E6 | F6 |

185

BIBLIOGRAFIA

Chaves, Luís: Método de Divisão Rítmica
        Zimbo edições musicais

Chediak, Almir: Dicionário de Acordes Cifrados
        Irmãos Vitale - 1984

Chediak, Almir: Harmonia e Improvisação
        Lumiar editora, 1984

Curia, Wilson: Apostilas de Harmonização

Pozzoli: Guia Teórico/Prático para o Ensino do Ditado Musical
        Ricordi - 1978

Priolli, M. Luísa de Mattos: Princípios Básicos da Música para a Juventude
        Casa Oliveira de Músicas - 1985.